MW01120327

Tania Karam

Tiempo DE arcángeles

Tania Karam

Tiempo de arcángeles

Una sola Voz

La guía que siempre has buscado
para contactar con lo divino

alamah

Tiempo de arcángeles. Una sola Voz
La guía que siempre has buscado para contactar con lo divino

Primera edición: septiembre, 2017
Primera reimpresión: noviembre, 2017

D. R. © 2017, Tania Karam

D. R. © 2017, derechos de edición mundiales en lengua castellana:
Penguin Random House Grupo Editorial, S.A. de C.V.
Blvd. Miguel de Cervantes Saavedra núm. 301, 1er piso,
colonia Granada, delegación Miguel Hidalgo, C.P. 11520,
Ciudad de México

www.megustaleer.com.mx

D. R. © Penguin Random House / Amalia Ángeles, por el diseño de cubierta
D. R. © iStock, por la fotografía de portada
D. R. © Allan Fis, por la fotografía de la autora
D. R. © Mariana Alfaro, por el diseño de interiores

ISBN: 978-607-315-359-1

Impreso en México – *Printed in Mexico*

El papel utilizado para la impresión de este libro ha sido fabricado a partir de madera procedente
de bosques y plantaciones gestionadas con los más altos estándares ambientales, garantizando
una explotación de los recursos sostenible con el medio ambiente y beneficiosa para las personas.

Penguin
Random House
Grupo Editorial

Para mamá:
el primer *ángel* que cuidó de mí.

Mensaje de los arcángeles para ti

Durante todos los tiempos,
desde el primer pensamiento de la creación,
estuviste tú ya en unión con Dios,
tú eres en y con Él.
Hoy amado, te invitamos a recordar tu esencia,
la del eterno y fructífero amor,
eres su hijo bendito,
eres fruto del Amor,
no has de equivocarte en la idea de tu origen
ni tampoco en la de tu destino,
pues en alas gloriosas te sostenemos
y el canto de miles de ángeles llegarás a escuchar,
pues tu destino es bendito,
como cuidado es en esta tierra tu andar.
No claudiques,
es nuestro tiempo, déjate ayudar.
Es tiempo de bendiciones aceptar,
es tiempo de abundancia,
es tiempo de amar,
ya es tiempo...
ya es tiempo,
de Arcángeles.

Introducción:
Ya es tiempo

Llevas tiempo dándole vueltas en tu mente a ese asunto, al otro, al tema con esa persona, a lo que puede pasar, al tema económico, a lo que tienes que terminar, en aquello que es importante avanzar... sí, el punto es que en tu cabeza siempre hay algo sucediendo, no necesariamente terminando.

¿Cuánto tiempo crees que pasas en tu mente dándole vueltas a los mismos temas? Tal vez ya es tiempo de que te permitas recibir más ayuda y comprendas que en todas esas capas de pensamiento, existe un solo objetivo esperando: tu felicidad. Me refiero a una felicidad profunda, la que no se pierde fácilmente ante los cambios externos, ante las muertes y ante los incidentes. Los ángeles están aquí para ayudarte a recordar lo que es importante y lo que no lo es más... ¡Deja de dedicarle tanto tiempo a lo que no tiene importancia!

¿Qué piensas cuando lees o escuchas las palabras *ángeles* o *arcángeles*? Cierra tus ojos y deja que traigan la imagen adecuada para ti en este momento, sólo ciérralos... ¿Qué es lo primero que llegó a ti? Como sea y lo que sea que haya surgido está bien, sólo agradécelo y seguro será algo relacionado con *la luz*, *el amor incondicional,* con *paciencia, ¿alegría?,* o algo que te llevará a eso, aunque no lo entiendas hoy, ten por seguro que los ángeles no desaprovechan ninguna oportunidad. Saben que con el tiempo los escucharás más y con mayor claridad. Ellos desean transmitirte –y llenarte– de sentimientos de paz.

También sé que para algunas personas lo más común es tratar de ir inmediatamente a la razón. Por lo que las palabras ángeles o arcángeles suelen estar generalmente mezcladas con algún otro tipo de ideas o dudas. Muchas veces me he topado con respuestas que van desde las alegres: "¡Me encantan! ¡Creo totalmente en su ayuda!" A las: "Me gusta la idea de ellos, pero no soy tan religioso." "¿Eres monja?" Incluso algunas frases como: "Seguro eres la mejor católica para estar en contacto directo con ellos." La verdad es que este libro no tiene que ver con ninguna religión en particular, ni con que necesites ser perfecto ante Dios (aunque ante *Él* si lo eres) para hacer posible esta comunicación, al final ¿quién puede decir que es perfecto en esta experiencia terrenal? Este libro no está escrito con la finalidad de convencer a nadie, a cada quien le llega en su momento la esencia de un poder superior. Estas letras están es-critas desde el amor que he encontrado en los mensajeros de Dios y con la intención de compartir las experiencias de vida que me han asombrado más allá de lo que hubiera imaginado.

Con cada experiencia he crecido, he vibrado y con cada revelación he aprendido y aún aprendo tanto... y es cierto, nunca se termina de aprender. Creo que lo más abrumador que puedo decir sobre la comunicación con el mundo espiritual, es que llevo más de cuarenta años aprendiendo de ellos y no dejan de asombrarme. (Y esto no es fácil de decir tratándose de algo que se pueda experimentar en esta tierra.) Si uno toma por sentado la presencia del mundo espiritual sin agradecerla y valorarla... la magia desaparece, y tu vida está hecha para vivirse con un júbilo mágico. Más que de saber, creo que se trata de cómo vivimos las experiencias, incluso las que nos invitan más allá de la razón. La razón parece un lugar seguro, pero la intuición nos lleva a lugares insospechados donde late nuestro corazón y nos regresan a una vida sorpresivamente guiada, no sabes que va a suceder cada día, sólo sabes que *la luz* está haciendo en ti y en tu camino lo que sabe hacer, y eso llena de paz.

Por eso, no es mi intención llenarte de datos, ni deseo que "sepas" del tema, la vida no es más extraordinaria por "saber" sino por la forma en que se vive. Mi intención es ayudarte a reconectar con ese amor profundo que todo lo transforma. Comparto en este libro algunas de esas revelaciones que me han transformado, sé que se quedarán en ti como semillas dispuestas a germinar para cuando cada quien esté listo a aceptar un mayor grado de amor en sus vidas, sin ser necesariamente de una religión en particular, sólo aceptando religiosamente amarnos los unos a los otros. Sí, para eso nos brindan mucha ayuda los expertos en el amor incondicional.

La *voz* del mundo espiritual siempre está disponible para quien desee escuchar, esto será más o menos fácil, depende de tu estado de ánimo, de tu nivel de conciencia y de qué tanto desees realmente escuchar, pues me he dado cuenta de que muchas personas en realidad lo que quieren es vivir una experiencia que podemos llamar "especial", "paranormal" o respuestas rápidas, de preferencia que coincidan con lo que piensan, con lo que desean, o sería un *súper hit* si la respuesta coincide exactamente con lo que les encantaría escuchar, o sea algo así como pasar en un auto por su comida rápida o su "cajita feliz", pero sin tener que profundizar en las acciones, en las reacciones, ni en los pensamientos, sólo prefieren que les digan la respuesta a su pregunta sin hacer cambios profundos en su vida.

Tal vez algunos querrán acercarse por curiosidad, otros por sentir "esa" emoción particular... las buenas noticias son que, independientemente de la razón, de qué tanto sepas o qué tan preparado creas estar, los ángeles están listos desde siempre para estar contigo. ¡Están listos, sí!, para apoyarte hasta donde tú les permitas, *Ellos* se comunicarán para que te sientas mejor y te ayudarán a hacer los cambios, desde los más pequeños hasta los que consideres más difíciles o importantes en tu vida, pero sin duda, y esto es algo que sé que no les interesa, sin ser el foco de atención, ¡tú eres su foco de atención!, las 24 horas del día, los 7 días de la semana y ¡de todas las semanas de todos los años! Tú mereces ese amor en forma de atención.

Como eres su foco de atención todo el tiempo, he aprendido que se comunican directamente contigo en tu mente, de manera telepática, con ideas repetitivas y con las cuatro habilidades psíquicas que expliqué en mi anterior libro, *Una Vida con Ángeles*; el énfasis está en *su mensaje* no en ellos. Los arcángeles, al no tener ego, no les interesa ser el personaje principal de la historia, su enfoque lo tienen en ti y saben qué necesitas escuchar exactamente, cuándo, y además sabrán darte las millones de respuestas e ideas divinamente guiadas, hasta que elijas creer más y más, ayudándote a aumentar la bendita confianza todos los días de tu vida, hasta en esos casos cuando tu vida depende de confiar.

Los arcángeles son seres poderosos que tienen la fuerza y la sabiduría para ayudarte a disminuir tus miedos, desde los más triviales hasta los que parecen de vida o muerte. Ellos pueden salvar tu vida, incluso salvarte de ti, pueden ayudarte a salir de la depresión, de la frustración, del auto boicot, pueden ayudarte a ser la mejor versión de ti. Te paso esta pista desde un inicio, te darás cuenta de que las respuestas les llegan más... a los que realmente quieren escuchar y siempre son reveladas si tu intención es crecer.

Por último, aclaro que en diferentes partes del libro, utilizo de manera indistinta la palabra ángeles y arcángeles pues tienen el mismo origen y son en perfecta unidad con Dios. *Ellos* comprenden tus necesidades y sin que haya grados de dificultad, te responderá el arcángel del que más aceptes su ayuda. Digamos que cada uno tiene su estilo y tú el tuyo.

Cómo está escrito este libro y cómo te puede servir más.

Una cosa es la Angelología, es decir "el estudio de los ángeles" desde un punto de vista teológico, sus clasificaciones, jerarquías, esferas... y otra cosa muy distinta es la experiencia de la *canalización* de ángeles y arcángeles, es decir ser un *canal para su voz y su sabiduría*. Este libro está enfocado más en el segundo punto. Cuando el Espíritu Santo me guio a empezar a dar cursos y certificaciones pregunté muy claramente qué necesitaba aprender y qué querían que enseñara. Pensé que la respuesta inicial se trataría de dedicarme profundamente al estudio teológico, de jerarquías, etcétera. Y estaba totalmente dispuesta a ello. Pero la respuesta, en cambio, fue muy conmovedora para mí, *Ellos* respondieron:

"Sólo sigue siendo un corazón de niña."

Un niño se deja guiar, un niño considera que tiene muchas cosas que aprender; un adulto cree que sabe, necesita creerlo, desea controlar más, desde lo más pequeño a lo que considera muy relevante cuidar. El adulto se aferra a lo que sabe, independientemente si lo pone en práctica o no, incluso parte de lo que creen se convierte en su identidad o en su tarjeta de presentación.

A mí me han pedido, en cambio, que me mantenga dispuesta como un corazón de niño, y te lo comparto porque seguro te ayudará a que tú también recibas más, si te adentras a este libro desde ese corazón de niño recibirás más así como yo he recibido. Arcángel Miguel de manera contundente me aclaró que era totalmente innecesario dedicarme a un estudio teológico por una sencilla razón: cuando un hermano se acercara a mí buscando sanación, consuelo y guía, mis estudios y jerarquías no lo ayudarían a sanar sus heridas, pero un corazón que escucha a los ángeles y sus palabras, sí. Así que he mantenido eso en mente cada vez que enseño, cada vez que alguien se acerca a mis cursos o a mis libros. Un corazón que está abierto y lleno de devoción, logra transmitir su profundo amor, y eso sí es un bálsamo sanador.

¿Listo para empezar?

Para que te resulte muy sencillo aprender de cada uno de los arcángeles, en el apartado 1 empiezo explicando del tema, agregué un segmento de lo que enseñan las principales religiones politeístas, monoteístas y *Un Curso de Milagros*, de manera breve (pero con el resumen que siempre hubiera querido) ya que si comprendes más de tu fe y la de otros, nos tratamos con el respeto y la tolerancia que permite que sucedan los milagros, así podemos aprender más los unos de los otros, y aunque las heridas son las mismas, la idea de cómo se resuelven realmente son distintas. Conocer a mi hermano me permite comprenderlo mejor y por lo tanto amarlo. Estamos aquí para aprender a amarnos unos a otros y entre más alineada esté tu intención con amar libre de juicios, entonces los ángeles se revelarán ante ti como nunca antes.

En el apartado 2, ¡sencillo!, te presento a cada uno de los arcángeles, aprenderás más de ellos de manera fácil pues este libro está escrito en forma de consulta, en cada página que abras de cada arcángel encontrarás: referencias de su origen, una experiencia práctica que he tenido con cada uno de *Ellos* en la vida cotidiana, para que te sea más fácil entender cómo se manifiestan; conocerás de sus cualidades, su energía masculina o femenina, pues al no tener un cuerpo, denso, no tienen un género, pero sí una energía en particular. He canalizado un mensaje de cada uno de ellos para ti, también comparto las sensaciones que puedes experimentar estando en comunicación con cada arcángel, ya que no es lo mismo estar presente ante la energía de arcángel Miguel, que con la de Rafael o Azrael, son muy distintas cada una de sus esencias, así como las tonalidades de luz del mismo Sol.

Te hice una lista para que sepas, sin duda alguna, en qué nos ayuda cada uno, una lista súper práctica que apuesto querrás consultar una y otra vez. Te explico los símbolos que comúnmente utiliza más cada uno para que aprendas a identificar quién está intentando comunicarse contigo. ¡Y claro, el color no podía faltar! Muchas veces las personas piensan que tienen que ver seres con alas para decir que han visto un ángel, pero aquí verás que si eres una persona visual puede ser que se comuniquen contigo a través de los colores que ves en tus sueños, en tus meditaciones... o simplemente en esos destellos de luz que estás viendo. Por eso te explico el color de su aura interno y externo de manera muy concreta, podrás saber de esta manera hacia qué arcángel dirigirte y quién está tocando a tu puerta.

Para esos espacios en tu vida diaria te comparto cómo llaman tu atención de un momento a otro. ¡Estarás súper preparado esta vez! También te escribí una invocación, oración o meditación para que llames o trabajes con cada uno y, por si fuera poco, el por qué llamar a determinado arcángel sería una buena idea en alguna situación particular de tu vida, incluso cómo darte cuenta si un arcángel en particular ¡ya está contigo!; es decir, razones por las cuales podría estar contigo determinado arcángel y tú sin darte cuenta.

Este libro será un escalón más en el crecimiento de tu conciencia, un puente entre lo que crees que conoces hasta el momento de los ángeles, del mundo espiritual, y el lugar al que te quieren llevar. Los arcángeles empezarán a introducir nuevas ideas que te ayudarán a liberar obstáculos en tu camino. Notarás que tal vez no se parezca mucho a un libro típico de ángeles pues también trato de incluir el tema del ego que siempre nos distrae para voltear a ver aspectos intrascendentes de nuestra vida y olvidar cosas que tenemos realmente que atender.

A lo largo de todos estos años –más de una década de dar cursos–, he disfrutado inmensamente conocer a tantas personas interesadas en el tema de los ángeles, arcángeles, interesadas en crecer en conciencia, en conocer su potencial, ya sea en las clases de *Un Curso de Milagros*, en los cursos de *Anatomía Energética y Percepción* y, sobre todo, en lo que en cada *terapia espiritual* de sanación me han aportado, todas ellas representan experiencias de vida en las que aprendí a comunicar Su Visión, y hoy te comparto lo que a lo largo de todos esos años he aprendido, enseñando. He aquí la guía que me hubiera gustado tener desde niña... aunque lo admito, ha sido un honor aprender directamente de *Ellos*.

Estoy segura de que establecerás una relación más cercana y divertida con *Ellos*, que hasta la manera de verlos, incluso tu forma de pedirles, cambiará, deseo que disfrutes el camino que cada uno de éstos Seres de Luz te muestren. Bendito sea tu camino, bendecido ya es. Tus ángeles te abrazan en este momento, estás rodeado por *Ellos*, por los arcángeles que te han hecho llegar este libro... cariñosamente te abrazan y a la distancia yo también. Ya es momento de subir tu frecuencia vibratoria a una conciencia milagrosa, a una mente cada vez más entrenada, ya es tiempo de júbilo, de amor, ya es tiempo... de arcángeles. 1,2, 3... ¡Yeiiiii comenzamos!

Ningún ayudante es pequeño en el camino del despertar...

Tiempo de arcángeles: una sola voz

¿De verdad los ángeles pueden comunicarse directamente contigo? ¿De verdad, de verdad, si les hablas te escuchan? Llevo muchos años dando la respuesta a esta pregunta: un alegre, emotivo y contundente, ¡sí! Lo digo con sonrisa de oreja a oreja y, por más irreal que te parezca o un poco difícil de creer, debo decirte que es lo más lógico y natural. Los arcángeles están cien por ciento decididos a ayudarte en tu misión de vida personal y colectiva, ayudarte en lo que crees que necesitas y en lo que no alcanzas a ver que también requiere un mayor amor, cuidado, sanación.

Cuando era sólo una niña, al principio no sabía cómo, ni por qué, veía esas figuras de luz, no entendía por qué nadie más veía a esos seres amorosos, ni cómo podía tener *pensamientos repentinos* que me daban la respuesta ante una situación o me ayudaban haciéndome preguntas importantes que me auxiliarían en mi camino, según la situación en la que me encontrara. Algo también era seguro, ¡ante su presencia se sentía taaanto amor...! Y, bueno, además estaban los seres fallecidos, abuelitos, hermanos, madres, todos haciendo acto de presencia, unidos más allá de una vida con sus parientes por el inmenso amor que sienten. Los ángeles me explicaron que se quedaban como ángeles extras acompañando a sus seres queridos.

Con el tiempo comprendí que ante esa situación no tenía nada que temer, pues estaba siendo testigo de cómo los lazos de amor trascienden vidas, todos estamos unidos más allá de lo que imaginas, mucho más allá de los cuerpos, y ser testigo de eso era muy hermoso y sorprendente. Al eliminar el miedo ante lo desconocido, comprendí que hay una parte de la mente que nos boicotea para que no podamos ver o escuchar, porque no se comprende el tamaño del amor incondicional y la paz que transmiten los ángeles. Esa parte de nuestra mente simplemente no está acostumbrada a un amor tan grande, tan incondicional, por eso no lo reconoce.

Por eso escribí este libro, con la intención de ayudarte a re-conocer el amor incondicional que se nos ofrece como camino, para que reconozcas el amor en ti y sientas la expansión de una gran paz interior. El mundo espiritual te invita a crecer en paz y extenderla en ti, hasta que te sientas seguro de sólo querer la paz. Tras la lectura de este libro, de manera muy natural, empezarás a subir tu frecuencia vibratoria, a notar los mensajes de los ángeles y podrás recibir la sabiduría divina que nos comparten éstos seres de Luz; sí, todos los arcángeles unidos como eco de *una sola voz.*

A través de su guía te darás cuenta de que está en tus manos la oportunidad que todos los días se nos ofrece de volver a una mentalidad amorosa y experimentar así todos los días el poder de Dios. Ahora mismo puedes darte permiso de recibir su ayuda, de crecer en comprensión y recibir respuesta a todo lo que te preguntas o te genera incertidumbre.

El Amor cuida de ti, siempre lo ha hecho y lo hará, hasta que estés listo y dispuesto a recibir todas sus bendiciones. Finalmente, un buen día aceptarás dejar atrás todo sufrimiento, querrás dejar a un lado las batallas diarias y sólo aceptarás que el Amor es tu máxima protección y realidad. Entonces estarás listo para dejarte ayudar en el viaje del despertar de manera más consciente, te permitirás crecer día tras día desde ese amor y no desde el dolor de las lecciones diarias.

• Jesús •

Es claro que muchas veces llevamos nuestra vida con prisa, algunos con apatía, preocupación, otros en total inercia e indiferencia, pero todos se levantan buscando algo: amor, trabajo, una segunda oportunidad, dinero, una casa, seguridad emocional, romance, aprobación... etcétera. Y dentro de esa búsqueda habrá quienes ya estén plenamente conscientes de que a través de to-do lo que salieron a buscar ese día, al siguiente y al siguiente... será *utilizado* divinamente por sus intermediarios para traer las verdaderas respuestas, a las verdaderas preguntas, para ayudarte a ver lo que realmente buscas a través de las cosas que sales a conseguir.

Todos estamos buscando respuestas, y depende de qué busques, preguntas. Lo seguimos haciendo cada quien a su manera todos los días y desde hace milenios, desde las grandes religiones que se han formado en búsqueda de respuestas iluminadas y caminos, hasta lo que haces en tu día a día para sentir y lograr paz. Todos estamos tras una idea. Muchas veces sin darnos cuenta, pero todos buscamos sentido a nuestras vidas, andamos en la búsqueda de seguridad de algún tipo y de las respuestas que nos darán la felicidad añorada.

¿Entonces, cómo encuentro el sentido?
Las religiones y sus distintas propuestas.

La *soteriología* es la rama de la teología que estudia *la salvación*, proviene del griego *sotería*, "salvación", y de *logos*, "estudio o tratado". Según la religión o filosofía de la que se trate, todos buscan a su manera la salvación, cada uno con sus conceptos y principios. ¿Cuáles son los tuyos? ¿Qué te hace sentirte "salvado" en tu día a día? ¿Lo habías pensado así? ¿Para ti cuál es la salvación diaria? ¿Cómo te "salvas"? ¿Y de qué te salvas? Incluso te pregunto: ¿Crees que te estás dejando ayudar a "salvar"? No me refiero a ti como un pecador que necesita salvación, hablo de esas actividades que haces día tras día que te hacen sentir bien, vibrando en amor, "salvado"; lo contrario a frustrado, alejado de ti, "crucificado".

Echemos un vistazo a los diferentes caminos que se han propuesto de salvación, entendiendo que, por definición, *salvación* es un término que se refiere a "la liberación de un estado o de una condición indeseable".

La ayuda está en el camino, siempre hay *salvación*

Mitología Egipcia, Hinduismo, Judaísmo, Budismo, Cristianismo e Islam

Imagina que despertaras mañana y estuviera frente a ti el sabio arcángel *Pre-gún-ta-me-todo-lo-sé* y exclamaras: "¿Sabio arcángel, me puede ayudar por favor...?" Te contestaría: "Sí, claro, ¿cuál es tú problema?" Según tú creas cuál es el gran dilema y dependiendo de qué tan abierto estés realmente, *Él* te dará la solución, pues conoce cuál es el verdadero problema, pero si te habla de algo que para ti no es el tema, creerás que no hubo respuesta. ¿En qué tipo de cosas es en las que más sueles pensar como problemas o carencias? ¿Para qué aprovecharías al sabio arcángel? Tal vez no le estás haciendo las grandes preguntas...

Ahora, abre tu mente y tratemos de entender las grandes preguntas que se han hecho otros, tal vez no sea la pregunta "¿cuándo llegará mi *príncipe azul?*", quizá esa sea la salvación que buscas y a la que le dedicas más tiempo en tu mente... o no, pero veamos que podemos aprender en la manera de ver la vida por otros y sus grandes preguntas; por supuesto en cada una existen sus *ayudantes.* De manera breve y enunciativa observa lo que es *la salvación* al problema humano y el camino a la iluminación para cada una de estas religiones, mitologías y filosofías:

- Mitología Egipcia: *¿Cómo trasciendo más allá de la vida que conozco?*
  En la mitología egipcia, el faraón era la conexión con dios, era el rey divino, la conexión entre dios y los seres humanos. Gracias a él se aseguraba la armonía en la cuidad, por el faraón se mantenía la estabilidad religiosa, política, económica, y social para los egipcios. Era el centro del orden cósmico.

  Para ellos sí existía un juicio final, éste era de naturaleza moral, no eran juzgados por Dios, para ellos eran muy importantes, sobre todo, las cualidades de la honestidad, justicia, vida en familia y las buenas acciones hechas en vida; así, al momento de morir, existían jueces que en presencia de Osiris decidían el destino del fallecido, que dependía de sus buenas acciones. (¿Ves? Por eso siempre nos han dicho... "pórtate bien".) El libro de los *Muertos egipcio* proporciona información e instrucciones detalladas hacia la vida después de la muerte, ya que ellos creían en la inmortalidad después de la muerte, en la vida eterna.

Los egipcios hacían referencia al *Ka,* uno de los seis componentes del espíritu humano, considerado como la "fuerza que da vida", es una pizca del principio del universo que, decían, es depositada al momento de la concepción en los hombres para su inmortalidad y su posible posterior transformación a un dios, sólo si lo merecía por haber tenido *excepcionales buenas acciones* durante su vida.

Ellos creían que el invaluable *Ka* se lograba mantener, no por medio de oraciones, sino por medio de *los alimentos* y podía perdurar en el cuerpo del difunto si se mantenía momificado, por esta razón era necesario embalsamar a los cadáveres y depositar ofrendas de alimentos para que siguieran consumiendo el *kau* (la parte no material de los alimentos), de ahí que la momificación fuera tan pero tan importante y solemne, ¿sabías eso?, pues ahora lo sabes. Por lo que mucho de su *salvación* dependía de eso, ellos tenían toda una serie de pasos a realizar en la vida en el más allá, para ellos era evidente una vida posterior a ésta que conocemos, seguían vivos de otra manera y su enfoque estaba puesto en las acciones que se hacían en vida para ser enjuiciado. Algunos consideran que ese *Ka* también podría considerarse como el doble nuestro, o su ángel guardián.

• El Hinduismo: *suma de religiones, dioses y un camino lleno de devoción.*

Es la tradición religiosa más antigua del mundo. Dentro de esta religión hay una gran mezcla de ideologías politeístas, monoteístas, panteístas o para algunos ateas, por eso (cultura general por cien mil puntos) los británicos acuñaron el término *hinduismo*, para hacer referencia a las múltiples religiones que encontraron en India, la *religión hinduista* tal cual no existe como religión, sí, leíste bien, no existe como una religión fundada o creada sino como un común denominador que utilizaron para nombrar innumerables religiones que encontraron en un mismo lugar.[1]

En el hinduismo no se establece un fundador en particular, no fue revelado a un profeta, ni tiene una jerarquía eclesiástica. Algunos devotos son teístas (creen en un Dios personal) y para otros lo divino está en todo (a eso se llama panteísmo). Aunque puede parecerte raro, esta *suma de religiones* con un sistema de castas (clases sociales) muy duro y con infinidad de Dioses a quien orar, por algunos es considerada como una religión monoteísta, ya que cada dios del panteón hindú al que oran o adoran, es la personificación de una de las potencias de un único Dios,[2] pero es claro que no adoran a una sola deidad.

La gran pregunta para el hindú es, ¿cómo encontrar la liberación del continuo ciclo de vida–muerte–reencarnación? (la rueda del samsara) para llegar a la liberación de la ilusión (maya) y por lo tanto del sufrimiento (samsara) y llegar a ver entonces la realidad de manera correcta. Se requiere práctica constante para llegar a esta visión espiritual, por eso mencionan.

Los 4 caminos para la liberación:

- El camino del conocimiento (Advaita Vedanta), el de mayor prestigio intelectual en el hinduismo.
- El camino de la devoción (bahkti), el más popular.

- El camino de las obras (karma).
- El camino de la meditación (yoga).

El maestro más famoso del camino Advaita Vedanta fue un sacerdote y filósofo llamado Shankara (788-820 a.C.), Gerald R. McDermott explica que su enseñanza es la más respetada por los hindúes, ésta es conocida como la filosofía *Advaita Vedanta. Advaita* es una palabra sánscrita que significa *no-dual, no-dualidad,* no-a-dos cosas, (ni a tres, ni a cuatro, ni otra más) sólo *uno,* haciendo referencia a que en la vida no hay más que *una* realidad, no hay más de *una* existencia y la única cosa o realidad que existe es Brahaman, dios impersonal, esencia del cosmos e inmutable.

Vedanta significa literalmente "Fin de los Vedas", y enseña que aunque parezca una realidad externa donde nuestros sentidos nos muestran separación, en la realidad interna de ti, de mí y de todo, no hay separación, todo forma parte de una Unidad, Brahaman (Dios). Por eso el problema humano básico para los hinduistas es la ignorancia de Brahman (de Dios). Enseñan que el alma (*atman*) es lo mismo que la esencia del cosmos (Brahaman).

Gandhi: un hindú inspirado en Jesús.

El respetado Mahatma (*alma grande*) Gandhi es el conocido líder hindú que, aplicando las enseñanzas del *Bhagavad Gita* y de Jesús, logró liberar a la India de la opresión británica mediante el uso del principio *ahimsa* (*no lesionar,* o *no-violencia,* en sánscrito). Gandhi hizo también evidente su admiración y su amor por Jesús en numerosas ocasiones, no así su admiración por los cristianos, por no representar la tolerancia y el amor que Jesús enseñaba.

En una ocasión, ante los cuestionamientos constantes de amigos cristianos y sacerdotes que trataban de convencerlo e insistían con la pregunta de ¿por qué no se convertía al cristianismo a pesar de expresar su amor a Jesús?, pues para ellos no era suficiente que expresara su amor, era necesario que se convirtiera en cristiano, no les parecía suficiente o coherente esta situación, a la que Gandhi contestó: "Ustedes cristianos, especialmente los misioneros, deberían empezar a vivir más como Cristo. Deberían de hacer crecer más el evangelio del amor y estudiar otras religiones no-cristianas para tener un entendimiento empático ante otras fes."[3] Gandhi dijo incluso que él hubiera podido ser cristiano, de no ser por los cristianos.

Regresando al punto de la salvación, para los hindús ¡no se requiere salvación!, pues ya por origen eres divino, no un pecador, por lo que no hay salvación necesaria. La búsqueda de la liberación se da por *el conocimiento*, poniendo fin a la ignorancia, a través de la meditación (yoga), el ascetismo (ser medido o limitado en las comodidades y placeres), con amor (bhakti) y por la gracia divina (prasada), deshaciendo el karma mediante la práctica del amor, y entregándose para ser con el uno absoluto, Brahma (dios impersonal, alma universal).

● Judaísmo: *el parteaguas de un Dios único.*
Monumental en la historia de todas las tradiciones religiosas, el judaísmo como religión, la más antigua de todas, predica por primera vez que hay un solo Dios, nunca había sucedido eso antes en la historia del mundo mundial. Llega

la idea de un solo dios, masculino, tan venerado, pero tan venerado, que ahora es un Dios muy lejano, pues no puede ser nombrado, nace entonces la frase de El señor, Dios es Elohím o Yahvé, pero los nombres no son equivalentes, pueden escribir Elohim o Yahvé pero tienen estrictamente prohibido pronunciar el segundo bajo pena de sacrilegio.

Muchos creen que para ser judío tienen que seguir sus mandamientos y tradiciones, pero por otros cien puntos de cultura general (vas a juntar muchos puntos), ser considerado judío se debe principalmente a una condición biológica. Se necesita ser hijo de madre judía o convertirse voluntariamente al judaísmo para ser considerado judío. Al ser una cuestión biológica puede haber entonces judíos ortodoxos, practicantes, pero también judíos budistas, judíos ateos y aun así ser parte de la comunidad judía.

La ley para los judíos en un principio estaba basada en los diez mandamientos: cuando Dios se los revela a Moisés, según la tradición, en el Monte Sinaí. Adicionalmente, las numerosas prescripciones por las que se rigen en el judaísmo se encuentran en la Torá (su biblia). A diferencia de las religiones que antecedían, donde la energía femenina era considerada sagrada y de suma importancia, con la llegada de este único Dios masculino y para las próximas religiones monoteístas derivadas a partir del judaísmo (como el cristianismo y el islam), la mujer tiene ahora una condición de inferioridad y de impureza, justificada en el Génesis por "haberse dejado tentar", surge entonces la idea de un Dios castigador que condena a los hombres a "ganarse el pan con el sudor de su frente" y a las mujeres "a parir hijos con dolor".

Debido a que a la mujer se le considera impura, no es considerada adecuada para lo sagrado. En las sinagogas las mujeres asisten a ceremonias separadas, no pueden tocar los libros sagrados, ni besarlos como los hombres. Mientras que después de la menstruación y el parto deben someterse a prescripciones especiales de purificación, como el baño ritual (mikve). Históricamente a partir de la creación del Génesis, se le considera a la mujer pecadora y de inferioridad social absoluta.

De igual manera surgen no sólo seres benévolos ayudantes de Dios, como los ángeles, también mencionan a los demonios, agrupados en ejércitos celestes o infernales y con muchas jerarquías. Para ellos, en el nivel más alto se encuentran los arcángeles Rafael, Gabriel y Miguel.

En el judaísmo la máxima preocupación es la expiación (remover la culpa) ante Dios, el problema humano básico del cual salvarse es el pecado, que separa a la gente de Dios y para eso hay que practicar el bien y los principios de la Torá (generalmente a lo que llaman el Pentateuco, los 5 primeros libros de la biblia del Antiguo Testamento) La recompensa vendrá después de la muerte.

- Budismo: *no existe Dios, sólo observa y medita.*
El budismo surge después del hinduismo, es la más popular de las religiones orientales en occidente, sobre todo por la exposición de la figura del Dalai Lama. En el budismo el fiel también se esfuerza por terminar el ciclo de las reencarnaciones (*samsara*), dejando atrás *el deseo* como la causa de todo sufrimiento, el cual afirman, es inevitable en la tierra. Para salir de este constante ciclo de reencarnaciones cultivan una moral y una ética estrictas. Para

evitar el continuo sufrimiento de reencarnar una y otra vez realizan el *noble camino óctuple* para su liberación.

Los ocho elementos del noble camino son:

- Visión o comprensión de lo correcto*.
- Pensamiento o determinación correcta.
- Hablar correcto.
- Actuar correcto.
- Subsistencia correcta.
- Esfuerzo correcto.
- Estar presente o consciencia del momento correcto.
- Concentración o meditación correcta.

*En todos los casos, correcto se usa como coherente, perfecto, ideal.

El camino budista se enfoca en el conocimiento, se realiza a fin de lograr la sabiduría, tener una conducta ética, rehabilitar y desacondicionar la mente, eso sí, teniendo muy en cuenta que en el budismo no existe la idea de un Dios.

Gautama *el Buda* (el iluminado) era agnóstico, él estaba dedicado al conocimiento, no creía en un Dios, por lo que los budistas no creen en un Dios que los ayude a llegar al *nirvana* (cielo), sólo creen en las enseñanzas del Buda. Para él no hay ningún creador o ser divino que nos pueda ayudar a lograr nuestras metas espirituales.

Existen cuatro escuelas principales del budismo: Theravada, Mahayana, Zen y Tibetana. Depende del tipo de budismo que se trate existen órdenes más ritualistas y estrictas que otras, lo que es contundente para ellos es que no hay un Dios así como tú y yo lo conocemos, sin embargo en la tradición Mahayana tardía, sí mencionan que existen muchos *ayudantes* llamados *budas* y *bodhisattvas* que brindan su ayuda a aquellos que han decidido tomar el camino budista.

De acuerdo con sus maestros, la liberación llegará si sigues las enseñanzas del Buda de manera constante, ya que el problema humano principal para un budista (al igual que para un hindú) es el sufrimiento del continuo renacer, debido a la ignorancia de un buda o del Buda (según la escuela que se trate). La solución puede llegar, después de una vida o de muchísimas reencarnaciones, a través de la meditación, por medio de la cual se logra desapegarse del mundo y del deseo, cobrando consciencia de que todo lo que existe es puro pensamiento.

- Cristianismo: *Jesús, el salvador, redentor y nuevo Dios.*
Así como para la mitología egipcia vimos que todo giraba en torno al faraón, en el cristianismo el centro y corazón de esta religión es Jesús. Jesús para los cristianos es considerado Dios, quien vino a salvar a la humanidad de sus pecados. Sin embargo Jesús no fundó el cristianismo, lo hicieron sus discípulos después de su muerte, pues al resucitar creyeron que era el Mesías que añoraban los judíos.

La familia de Jesús vivía en Nazaret, era de origen humilde, no fue a la escuela y la mayoría de sus discípulos fueron analfabetas y todos judíos. Jesús comenzó a hacer algo totalmente revolucionario para su época, después de ser bautizado y reconocido como el Mesías por el profeta judío llamado Juan (el Bautista), comenzó a predicar muy distinto a las reglas conocidas y a la doctrina judía como establecían sus prescripciones. Iba en contra de la hipocresía del clero, de los fariseos y de los actos que se hacían como parte de los compromisos políticos. Su doctrina se mostraba a favor de una religión espiritual carente de los rituales tradicionales existentes.[4] Atrajo multitudes mientras predicaba, sanaba y liberaba de la esclavizadora culpa.

Los cimientos del cristianismo se basan en dos puntos cruciales. Jesús es Dios y es divino por que ha resucitado. Surge un Dios triple, lo cual para los judíos era politeísmo, el Padre, el Hijo y el Espíritu Santo. La cuestión del Espíritu Santo y su naturaleza provocó divisiones tan fuertes como la naturaleza divina o humana de Jesús, derivando en lo que se conocerá como cristianos, católicos y ortodoxos.

A los cristianos les pareció adecuado ocupar la idea de los demonios judíos y así el diablo o el demonio se convirtió en el principal enemigo del cristiano. También creen en los ángeles, arcángeles como Gabriel, Miguel y Rafael, y en los ángeles de la guarda. A diferencia de los protestantes, los católicos también creen en María y en los santos, como la madre de Jesús y digna de culto oficial según el Concilio de Éfeso, donde fue nombrada "madre de Dios", sustituyendo fácilmente a la Isis de los egipcios, según el historiador Jean-Cristophe Saladin, por su imagen maternal, resaltando que en Éfeso se encontraba el enorme santuario de Artemisa.

A diferencia de los judíos o musulmanes, quienes no consideran el sacrificio de la muerte y crucifixión de Jesús como necesario, para los cristianos es indispensable, pues toman de manera literal la convicción judía de que los pecados deben ser purificados, expiados a través de la sangre, ya que Dios no puede ignorar la maldad y debe ser castigada.

Existe el concepto de que la justicia divina exige otra vida para compensar y expiar los pecados, de ahí la práctica del sacrificio de animales para ofrecer su sangre, significado de vida. Para los cristianos es inminentemente necesaria la cruz, ya que el camino a Dios debe ser de obediencia total, incluso si eso implica cortarse un pie o sacarse un ojo (9.43-47), según el Evangelio de Marcos. Entonces para el cristiano, Jesucristo muere y se sacrifica para salvar del pecado.

- Islam: *la religión más extendida en el mundo.*
Tres siglos después de Constantino, considerado el jefe espiritual de todas las iglesias cristianas, surgiría el islam, quitándole dos tercios de sus fieles, así como sus provincias más ricas[5]. Masas de cristianos se convirtieron al islam. Mahoma es su fundador y ellos no comparten con los cristianos la idea de la Trinidad, la encarnación, muerte y resurrección de Jesús.

Mahoma expresó que el arcángel Gabriel le entregó mensajes de Alá formando el Corán, es decir, a diferencia de la biblia cristiana que se entiende fue obra de hombres y divina, compuesta por muchos autores; para los musulmanes el Corán es su libro sagrado y desde su punto de vista no contiene la más mínima influencia humana.

Es una de las religiones con más fieles en el mundo así como de mayor crecimiento, con el cristianismo. Son fervientes evangelistas y mencionan que la teología cristiana es compleja y difícil de creer por sus dogmas. Los preceptos fundamentales de esta religión, obligatorios para todos los musulmanes, describen los pasos para que se logre la salvación, escapando al *fuego infernal* si cumplen los cinco pilares.

Los 5 Pilares del Islam:

- La profesión de fe (testimonio y declaración de fe en un único dios (Allah en árabe) y en las enseñanzas de Mahoma.
- El ritual del rezo obligatorio, cinco veces al día (salat).
- El azaque, dar una "contribución", limosna (zakat).
- El ayuno durante el Ramadán (sawm).
- La peregrinación a La Meca, en Arabia Saudita, como ciudad sagrada donde nació Mahoma.

Los musulmanes consideran que en el Corán se encuentra el mensaje más simple y claro, el cual fue distorsionado desde su punto de vista, por los judíos y cristianos. También llaman a Jesús "El Mesías", de igual manera consideran a María como una mujer virginal y la más pura de toda la creación, aceptan los milagros de los Evangelios excepto la resurrección de Jesús.

- *Un Curso de Milagros: Jesús te recuerda perdonar las fabricaciones del ego, nada real puede ser amenazado.*
  Jesús "reaparece" en la historia dejando este legado para aclarar lo que no se entendió de su sabia y poderosa enseñanza. *El Curso* fue dictado por Jesús a una mujer llamada Helen Schucman, quien con ayuda de William Thetford transcribió el libro. Ambos eran catedráticos de psicología médica en la Facultad de Medicina y Cirugía de la Universidad de Columbia en Nueva York.
  El curso no es una religión, sino un camino. Por su contenido me parece de crucial importancia mencionarlo, pues el tema que hemos estado tratando es cómo nos

"salvamos" del dolor, cómo corregimos la percepción para dejar de sufrir y para eso es el Curso de Milagros, en mi opinión, una ayuda indispensable e invaluable.
Este curso postula:

"Nada real puede ser amenazado.
Nada irreal existe.
En esto radica la paz de Dios."

Es una herramienta espiritual que permite entrenar tu mente para desarrollar un sistema de pensamiento basado en el amor. El curso se divide en tres partes, el Texto, el Libro de ejercicios (365 lecciones para todo el año) y el Manual para el maestro. El Curso enfatiza en la práctica más que en la teoría. Es un recurso de enseñanza cuyo objetivo es ayudarte a conocerte, a diferenciar lo que tiene valor de lo que no lo tiene y a entender qué es el milagro, cómo y cuándo sucede, ya que tenemos una mente extremadamente poderosa.

Aunque el Curso utiliza el lenguaje cristiano, el contenido, por sus semejanzas, ha sido llamado en ocasiones como el "vedanta cristiano". Su gran énfasis está puesto en el perdón "como el medio que nos permitirá recordar". "Al no mantener a nadie prisionero de la culpabilidad, nos liberamos", así se aprende a ser "el alumno feliz". "El pecado es definido sólo como *una falta de amor* (texto, pág. 12), puesto que lo único que existe es el amor, para el Espíritu Santo el pecado no es otra cosa más que un error que necesita corrección en vez de algo perverso que merece castigo."

Es único en su enseñanza y totalmente diferente en su contenido a todas las religiones antes expuestas. Sus enseñanzas radicales contrastan con otras espiritualidades que hacen énfasis en la necesidad del castigo o en la necesidad de la contemplación, incluso énfasis en la meditación. Jesús en cambio te recuerda el verdadero perdón de toda idea equivocada: el perdón te despertará. Aquí tu regreso a casa no depende del juicio donde se te puede castigar, nada más alejado que eso. Jesús indica en la lección 105 del libro de ejercicios: "Mías son la paz y la dicha de Dios." Asegurando que la paz y la dicha de Dios te pertenecen.

Así pues, "dar verdaderamente equivale a crear", para llegar a esa paz y a esa dicha, es necesario ofrecerla, incluso a los que has llamado enemigos. Sólo habrás de renunciar a lo que nunca fue real y los milagros han de suceder como recursos de aprendizaje. Los ángeles son explicados como pensamientos en unión con Dios y nos sostienen en nuestra intención de sanar, de despertar.

Arcángeles: la ayuda espiritual está presente desde el origen de los tiempos.

Como pudiste ver, en toda la historia de la humanidad, en todas las religiones ha estado presente la búsqueda del camino para encontrar respuestas a las más grandes preguntas, lo importante es no hacer menos o invalidar a nadie ni a ningún grupo, todos los caminos son parte del camino al despertar y a la búsqueda de respuestas, además tenemos que considerar que cada uno responde a un contexto social histórico, a una evolución. Lo importante es saber que hemos estado buscando un camino para "salvarnos" del dolor, para resucitar de nuestras heridas, hemos buscado el camino para salir de nuestra ignorancia y es importante resaltar que los ángeles y arcángeles nos brindan esa ayuda en formas amorosas y totalmente contundentes a quien lo pida.

Independientemente de la religión por la que te inclines o si te consideras más interesado en Dios fuera de un contexto religioso y más dentro de una experiencia espiritual personal, poco a poco algunos ya no necesitarán pertenecer a una religión, otros sí, como sea, lo importante es saber que estás siendo guiado, que hay un plan divino perfecto con tu nombre y apellido, donde eres guiado a tu destino, al Perfecto Amor.

Ahora, considera que en todas las religiones o filosofías han existido siempre "los ayudantes", ángeles, budas, malāk (ángel en hebreo), seres divinos que ayudan a nuestra transformación y comprensión de Dios. Los ángeles no pertenecen a la religión, la religión pertenece al hombre y los ángeles pertenecen al Amor, como ésta es su sustancia, su esencia, su realidad, es por eso que su guía nos puede llevar al único paraíso verdadero, a la condición de amor total. Acepta la ayuda espiritual, empieza a ver las pequeñas transformaciones en ti, los pequeños milagros, cómo intercambias la necesidad del drama por instantes de amor, cómo logras juzgar menos, incluso a ti y a otros, así te notarás ante la presencia de Dios (Ala, Yahvé, Brahma...). Si aceptaras totalmente al amor, el mundo que hoy ves desaparecería completamente.

Te invito a que saques a los ángeles del cajón, con la etiqueta que les tengas puesta, y sólo empieza a pedir con fervor su auxilio, ayudando a tu transformación, dando un paso a la vez. *Ellos* te acompañan en este instante mientras lees estás palabras y te manifestarán su presencia y su amor.

¿Estás aceptando la ayuda? Siempre está presente para quién realmente la desea

En el hinduismo existen seres llamados *devas* (masculino) y *devis* (femenino) que significa: "seres celestiales de excelencia que brillan", además de muchos dioses y sus respectivas reencarnaciones que ayudan de acuerdo a un tema en específico. En el budismo existen los *bodhisattvas*, que provienen de *bodi* "supremo conocimiento, iluminación" y *sattva* "ser", es decir "ser de supremo conocimiento", un ser embarcado en la búsqueda de la suprema iluminación que puede recibir ayuda de los dioses específicos para cada necesidad.

El Islam siempre ha tenido una fuerte tradición relacionada con los ángeles, considerados como seres celestiales que cumplen las tareas asignadas por Dios. Se les considera a los ángeles como intermediarios entre Allah y los hombres; cabe resaltar que en el islam los ángeles no están organizados en una estructura jerárquica que los divida en "coros" o en "esferas" como lo hicieran los teólogos medievales cristianos o los judíos (y en la Cábala), sólo hacen referencia a los arcángeles como seres de un status más alto, con diferentes tareas asignadas.

La ayuda espiritual está presente siempre, no importa "la etiqueta que tengas puesta", musulmán, cristiano, judío, católico... los ángeles y arcángeles son seres universales, poderosos, sin medida, *no pertenecen exclusivamente a una religión*, pues siempre han existido estos *ayudantes espirituales*. Su ayuda es mucho mayor de la que ocupas e independientemente de la religión que profeses. La pregunta no es ¿hay *ayudantes* en el camino?, sino ¿qué tanto aceptas su ayuda, *su guía hacia la salvación*?

Los ayudantes celestiales, seres divinos de supremo conocimiento, se encuentran presentes en todas las religiones. *Ellos* han existido desde el inicio de lo que llamamos tiempo, pues en realidad son uno con Dios en la eternidad, por lo tanto, han existido antes de cualquier religión. Han recibido distintos nombres a lo largo del tiempo y no se ha terminado de comprender su poder, su disposición y de experimentar su amor incondicional.

Tú estás leyendo esto para experimentar el poder de su ayuda de nuevas maneras sorprendentes.

Pedirles a los ángeles y arcángeles es pedirle a Dios

No hay separación entre Dios y sus creaciones. Dios en su amor inmenso provee de toda la ayuda que tú crees necesitar y ésta llega en la forma en que realmente la necesitas. Los ángeles y arcángeles existen gracias a su unión con Dios, no hay nada además de Él. Me gusta usar la analogía de que *Ellos*, los ángeles y arcángeles, son como los rayos de luz que se extienden del Sol de Dios, el Sol que nos ilumina a todos. La idea de pensar en que al pedirle a los ángeles se excluye a Dios, como si fueran algo separado de Él o poderes en des-unión, se debe a que proyectamos nuestra creencia de estar separados nosotros de Dios, pero los ángeles se saben uno con Él.

En cada uno de los nombres de los arcángeles, está incluido a quien pertenecen, mediante el sufijo *"el"* al final de su nombre, como en Migu*el*, Ragu*el*, Rafa*el*, Gabri*el*, Jofi*el*...muestran que son *"de Dios"*. La palabra arcángel, proviene del griego *archangelos*, el Nuevo Testamento se escribió por primera vez en griego, el prefijo *"arc"* significa "el que dirige, comanda o lidera" y *"angelos"* significa "mensajero" es decir "líder o jefe de los mensajeros": El antiguo testamento fue escrito por primera vez en hebreo, donde también se menciona en numerosas historias el vocablo *"malakh"* que significa ángel. Como ves, han estado y seguirán presentes hasta que te recuerdes en perfecta unión con Dios, sin tiempo ni espacio, sólo con Dios.

Recuerdo, mientras recorría numerosos templos en India, como en algunos veía las imágenes de las deidades, en otros a seres alados, esculpidos hermosamente en los muros y me cuestionaba

–también me asombraba– cómo siempre han existido ayudantes en el camino espiritual de todos. Lo natural es tener ayuda, lo natural es el despertar, pero primero hay que desearlo. Al ver esas figuras me sentía totalmente guiada, acompañada, sabía que estaban ahí reafirmando y tratando una vez más de hacer llegar su mensaje, lo importante no son los nombres, ni la cantidad de Dioses, ni las religiones, lo de verdad importante es saber que existen y *no olvidar pedir ayuda*. Quien reconoce que necesita ayuda, la puede pedir y se le dará. Eso es lo más importante para comenzar, luego para seguir y para terminar, siempre, pedir ayuda. Tener claro querer despertar del sueño de drama al que invita el ego. Hoy recuerda, siempre tendrás *su* ayuda para encontrar el camino de regreso al Amor.

Te va a ser útil mantener esto en tu mente: el mundo espiritual *siempre* te está *ofreciendo* ayuda, la pregunta es ¿qué tanto la aceptas? ¿Qué tanto la pides? Y, sobre todo *qué tanto crees que la necesitas*. Si tienes problemas, tal vez eres una de esas personas que a lo mejor en vez de pedir ayuda, está acostumbrada a dejar que recaiga el peso sobre sus hombros... corazón, cabeza, espalda... todo sobre ti, haciendo un esfuerzo tras otro. La mayoría de la gente pide ayuda hasta que está en un problema, en una crisis, cuando hay tristeza, o bien para tener "cosas" que desea, sin darse cuenta que su existencia está basada en *una percepción* muy limitada, chiquitita, comparada con "el cielo" con la liberación que se te ofrece. Recuerda, el ego siempre tendrá su versión de cómo *deberían* ser las cosas, pero cada día más, con ayuda de tus arcángeles, elegirás la paz. Prepárate para abrir tu mente a los nuevos horizontes que tienen para ti.

Al vivir de las expectativas de lo que puede suceder y desconectados del mundo espiritual y de *su* fortaleza, se vive de manera muy pequeña comparada con lo que Dios tiene para ti.

Al tener la mente poco entrenada se nubla la Verdadera Visión, entonces se cree en las carencias como algo real, las heridas en nuestra mente toman el control. Es lo que lleva a personas con dinero a comportarse como si fueran pobres, a personas muy bellas a comportarse con celos, a personas con gran talento a compararse con otras para hacerse menos... todo está en la mente y los arcángeles saben que ahí es el único lugar donde puedes sufrir, por lo que te ayudarán a salir del dolor en tu mente no entrenada.

¿Dónde ayudan los ángeles?

Entonces, los ángeles te ayudan primero a aclarar tu mente y a quitar esos pensamientos que te mantienen en el miedo o en el dolor. *Eso es sumamente importante, ellos te ayudarán en lo que tu mente esté ocupada, hasta que desees una comunicación a otro nivel. Si crees necesitar auxilio en cuestiones "básicas" te ayudarán con ellas, hasta que estés listo para escuchar la Verdad de quién eres, y cada vez pasarás más momentos sin preocuparte de nada, en el amor y no en las necesidades creadas por el ego.* Por eso, para entender la Verdad hay que "elevarse" más allá de lo terrenal, donde las fabricaciones mentales se desvanecen. Mantente abierto a escuchar, déjate guiar, la salida del sueño del dolor requiere de tu disposición, pongamos "la dosis de buena voluntad".

Sólo cierra tus ojos, quédate en silencio y sentirás su presencia, su mensaje y lo que resuena en ti, cuando te quedas en silencio y lo deseas... ahí naturalmente te encuentras unido, te conectas con Dios. Ahí es cuando realmente se siente la paz de la unión, se comporta uno como una persona segura, pues no hay temor, de tu boca pueden salir palabras inspiradas que hacen sentido y pueden guiar a otros. ¿Estás listo para aceptar su gran poder en tu vida? Dios es en ti, en mí, somos la unicidad de la gota en el mar.

Te invito a que conozcas en las siguientes páginas a los poderosos arcángeles, ellos te ayudaran a salvarte de las ideas equivocadas, del auto boicot, te aligerarán el camino con su visión, no hay ayudante pequeño en el camino del despertar, y menos cuando es Dios mismo diciéndote, ya es tiempo, déjate ayudar.

[1] Guía Holman de Religiones del Mundo, George W. Brsell, Jr. , 2005.

[2] World Religions: An Indispensable Introduction, 2011, Gerarld R. McDermott, Nashville Tenesee.

[3] "You Christians, especially missionaries, should begin to live more like Christ.
    You should spread more of the gospel of love and you should study non-Christian faiths to have more sympathetic understanding of their faiths."Quoted in S. K. George in Gandhiji-his life and work, 1944. Internet: mkghandi.org.

[4] Las grandes religiones para Dummies. Jean-Christophe Saladin. Página 1112.

[5] Las grandes religiones para Dummies. Jean-Christophe Saladin.

Arcángel Ariel

¡Una vez que conozcas la fuerza y la energía de este arcángel, te va a encantar solicitar su compañía en muchas de tus actividades! Arcángel Ariel significa "León de Dios", también es conocido como *Anael o Arael* en la tradición hebrea y cristiana. Es poderoso y su nombre indica la forma en la que emana la fuerza de Dios hacia ti. Aunque los ángeles no tienen un género sexual, si emanan o proyectan cada uno una energía en particular. La de arcángel Ariel es una energía femenina, en este caso la de una energía *femenina poderosa*. Esto es especialmente útil cuando necesitas ser contundente pero sin perder las cualidades de la energía femenina, es decir la capacidad de conciliación, de empatía, paciencia, intención de ser buena escucha... en contraste con la fuerza, la contundencia y lo concreto de la energía masculina. Te ayuda a equilibrar, por lo tanto, ambas energías en ti, la masculina y la femenina, siendo esto de mucha utilidad.

Pero esto no significa que sólo sea un arcángel que "atiende a mujeres" o que tiene que ver con asuntos de mujeres. Te doy un claro ejemplo: para ser muy buen negociador se requiere de las energías femenina y masculina, entre más equilibradas estén, ¡mejor negociador serás!

Ahí te va un súper tip: se necesita de la energía femenina para saber escuchar, sentir a tu cliente, comprender sus necesidades y ser creativo para ofrecerle una solución favorable. Por otro lado, se requiere de la energía masculina para cerrar el trato con ciertas condiciones, sin perder el objetivo y con una propuesta muy definida.

Esto es un claro ejemplo de una actividad donde se nota el éxito al hacer uso de ambas energías en equilibrio, la masculina y la femenina. Es decir, para llegar a ese punto de cierre de la negociación, primero haces uso de tu energía femenina y entre más equilibradas estén ambas, tendrás más resultados favorables en todo lo que negocies en tu vida, te sentirás mejor logrando contundentes y mejores acuerdos para ambas partes en el área de la que se trate.

Arcángel Ariel es, entonces, muy contundente y también te ayuda a tratar con "mano izquierda" a otros cuando se requiere, es decir, te ayuda a no ser tan directo, como es el caso de la energía de arcángel Miguel, ¡él sí es directo, al grano! Arcángel Ariel sería más suave en comparación, empática, pero no pierde la contundencia, ni el objetivo del cual quieres su ayuda.

Para entender la esencia de arcángel Ariel puedes hacer este ejercicio: imagina a un mamífero poderoso, como un león, o a un felino grande caminando en la selva, muy seguro, observa su andar, el animal mantiene su delicadeza y seguridad al andar. Los felinos son sigilosos pero contundentes, no pierden el enfoque. Cuando necesitan moverse o saltar por su vida, no dudan, son rápidos y asertivos. Así es la energía de arcángel Ariel, y él te ayuda a sentir ese mismo valor, decisión, con la contundencia de una energía poderosa cuando es momento de actuar en la vida. ¡Te impulsa a mo-ver-te!

La energía de este arcángel es como tener a una hermana-guía poderosa a tu lado. Te ayuda a ver las situaciones sin miedo y conectando con tu propio poder, así, vas de la mano del poder del mundo espiritual que te respalda. ¡Ver imágenes de felinos durante tu meditación o si siempre te han encantado, es un símbolo de que está contigo!

Arcángel Ariel, usualmente te trae de manera repetida imágenes de felinos en ciertas épocas de tu vida, lo hace cuando quiere reafirmarte tu inminente poder personal y ayudarte a recordar que es solamente una prueba más que elegiste para formar al poderoso "guerrero" que es en ti. Una vez que el tiempo pase, te darás cuenta de que has aprendido y crecido mucho más de lo que crees. Te apoya a que sigas adelante a pesar de tu miedo. Y si en este momento sientes una extraña sensación de alegría, de emoción, incluso un olor especial que se hace presente... tienes a arcángel Ariel a tu lado. ¡Es emocionante!

¡Prepárate para que te ayude a salir de tu zona de confort!

Experiencia con arcángel Ariel

Hay infinidad de momentos en la vida cotidiana en las que es importante -y conveniente- pedir la ayuda de arcángel Ariel. En mi experiencia personal, cuando entro en contacto con este arcángel, me hace sentir poderosa, es como aprender de un ser sumamente seguro, inteligente y audaz. No tiene miedo "a moverse", ni a decidir, te invita a seguir adelante a pesar de los obstáculos. En las visiones que puede traer a ti en tus meditaciones o en tus sueños, te invita a caminar, a "andar a su lado", como si fueran parte de la misma "manada", cuida de ti y es muy protectora.

Su energía es rápida e invita a la acción, a moverte sin dudarlo. Al mismo tiempo, su seguridad es tanta, que te hace sentir que dentro de la manada no hay prisa, sólo certeza. Tú formas parte de esa "manada" de los hijos de Dios. Así, te da la seguridad de que actuarás y dirás lo que sea necesario de la manera correcta, en el momento indicado. Te respalda y te ayuda a ¡no precipitarte!, tanto en algo que digas y podría estar fuera de lugar, como en actuar de manera equivocada por acelerarte.

Otra de las grandes cualidades de arcángel Ariel es que si le pides ayuda, así como te enseña a moverte confiadamente, sin acelerarte (despacio que vas con todo), también te ayuda a *no contenerte*. ¡Qué importante! Me ha dicho que ayuda a muchas personas que son muy nobles de corazón y son guerreros dispuestos a ayudar y a ver por otros, pero se contienen en ocasiones porque no saben aún ver por ellos, no saben pedir ni expresar claramente sus necesidades y hacen menos sus cualidades. Para esos casos, es como si arcángel Ariel te "aventara al ruedo" y te recuerda:

"Muchas veces no haces caso a tus necesidades
hasta que el universo te concede al maestro perfecto,
aquel que te hará explotar y moverte de ese lugar,
practicando la lección una y otra vez,
hasta que elijas, amado, apreciarte, en vez de querer agradar.
Pídeme ayuda, te ayudaré a expresar de la mejor manera
la luz que contienes en ti."

Arcángel Ariel

Lo contundente, no le quita lo amorosa. Si eres de esas personas que no saben pedir la ayuda suficiente o crees que has tenido (o tienes) la temible enfermedad de querer agradar, encajar o ser "diplomático" con tal de no hacer que alguien se sienta mal, entonces, ¡no dudes en llamar a arcángel Ariel!

Si a lo largo de tu vida has tenido que aprender a decir NO y a no estresarte con las reacciones de los demás, arcángel Ariel se acerca a esas personas para ayudarlos a poner límites de manera clara, contundente y amorosa. Puedes pedirle que a las personas alrededor de ti, también las ayude en su proceso de aceptar los límites sanos que les expresas. Recuerda que es en mayor beneficio de todos.

Por otro lado, arcángel Ariel es muy sonriente y con una energía sumamente proactiva, te recuerda que no hay necesidad de preocupación... sólo de acción.

"Es tiempo de seguir caminando,
no te dejes amedrentar por tus propios pensamientos,
esos que te debilitan, sigue andando,
el camino está puesto para la Victoria."

Arcángel Ariel

 ## MENSAJE DE ARCÁNGEL ARIEL

"Disfruta tener la capacidad de moverte,
de realizar y de concretar acciones para tu propio beneficio.
Es parte del juego, todo lo necesario sucede,
hasta que aprendes a confiar más allá de ti.
Lo más importante no es la actividad que realizas,
sino que aprendas a sentirte seguro
en el momento que tomas decisiones.
Tu energía colócala en lo que te dé mayor felicidad
y te guiaré hacia ese futuro en donde te realizas más.
Te ayudo a manifestar tu abundancia.
¡Recuerda, es un plan perfecto y la ayuda la estás recibiendo ya!"

Arcángel Ariel te ayuda a:

- Ser contundente.
- Ser claro al hablar.
- Reconocer y liberar tu codependencia.
- Expresar y conjuntar la energía femenina con la masculina.
- Ser asertivo.
- Ser proactivo.
- Poner límites sanos, claros y amorosos.
- Sacar adelante tu parte más tímida, sacar "tu león(a) dormido (a)".
- Tomar decisiones cuando es momento de hacerlo, rápido y sin culpa.
- Mostrarte seguro, al mismo tiempo suave, elegante y conciliador.
- Decir un discurso o presentación con seguridad.
- Tomar las riendas de la situación cuando no ves claro el resultado.
- Conectarte con tu energía de guerrero de luz.
- Tomar la iniciativa en una situación, conversación o negociación.
- Manifestar tus deseos y abundancia.
- Complementar con su energía femenina, la masculina de arcángel Miguel.
- Saber cómo y cuándo es momento de actuar de manera contundente.
- Guiar a otros cuando necesitan fuerza y apoyo.
- Salir de una situación donde necesitas atreverte y dar un gran salto.
- Volverte un activista en pro de la ecología o de derechos humanos.
- Resolver los temas de cuidados y derechos de animales.

- Negociar, saber hacerlo de manera favorable.
- Saber decir que no, de manera suave pero contundente.

Color de aura:
- Interno: rosa
- Externo: amarillo

Su energía:
- ¡Femenina, activa y poderosa!

Ante su presencia puedes observar, tener o sentir las siguientes manifestaciones, símbolos o visiones:
- Llegan a ti imágenes de leones.
- Ver constantes felinos o perros.
- Puedes tener visiones, sueños donde te ves caminando en la selva pero te sientes como un felino.
- Ver en meditación el color amarillo intenso.
- Tienes la visión de felinos alrededor de ti, acompañándote en sueños o en meditaciones.

Sensaciones:
- De moverte como un felino, cauteloso pero seguro.
- Percibir un olor a león o a algún felino, repentinamente.
- De empoderamiento sin razón.
- Sentir tu mirada penetrante como enfocando un objetivo.
- De moverte de manera cautelosa pero muy consciente.
- Deseo de estar con perros o con tu "manada".
- De moverte con urgencia y con seguridad.

¿Cómo se manifiesta arcángel Ariel en la vida cotidiana?

- Ves gatos de manera repetitiva en un periodo de tu vida (no creo que veas leones muy seguido, a menos que vivas en África.)
- Deseo de tener gatos o perros, a veces de manera repentina.
- Ves imágenes repetitivas de felinos.
- Deseo de pintar felinos.
- Querer fondos de pantallas en computadoras o tabletas con felinos.
- Querer usar ropa llamada "animal print" (que sean de piel sintética, lo que atrae son los modelos de ropa tipo felino).

Palabras o frases que puedes escuchar en tu mente de manera repetida:

- Necesitas moverte.
- Acepta los cambios
- ¡Va a salir bien, hazlo!
- Somos hermanas.
- ¡Ejercicio! El ejercicio te regresa a tu centro.
- Reconoce tu poder.
- Acepta la Abundancia.
- ¡Atrévete!
- ¡Victoria!

Invocación:

"Arcángel Ariel: te pido poderoso arcángel, me ayudes a tener la fortaleza necesaria para hacer los cambios convenientes en mi vida, los que sean en mi mayor beneficio y en el de las personas que me rodean. Ayúdame a sentir el amor y el poder de Dios en mí a lo largo de mi vida. Con el enfoque, la claridad y la velocidad adecuada para seguir adelante en cada situación que se presente.

Te pido arcángel Ariel me ayudes a ser realmente contundente cuando se requiere y a confiar en mí, sostenido por Dios.

Aquí y ahora acepto el bienestar divino.

Así sea, así ya es.

Con gran aprecio, gracias por tu ayuda, Arcángel Ariel."

Cómo facilitar el sentir a arcángel Ariel:

- Viendo videos de felinos, guarda esas imágenes y pide su presencia, ábrete a contactar con la esencia cautelosa, contundente y asertiva de este arcángel.
- Usa protectores de pantalla con imágenes de felinos y di su nombre: arcángel Ariel, cada vez que los veas.
- Para traer su energía antes de tomar una decisión importante y sentirte empoderado, puedes visualizarte en meditación (o físicamente hacerla), gateando y rugiendo como un felino, así podrás visualizar y pedir ayuda espiritual de tu "manada". Te sorprenderá que en ocasiones pueden llegar a ti imágenes de personas que ya te acompañan en esta vida, hermanos y hermanas que contigo han hecho acuerdos para formar parte de la misma "manada de luz" y están ayudándote también en tu viaje. Nada mejor que caminar juntos. Este ejercicio es también útil y poderoso para perder la timidez y dejar de contener.
- Los ángeles me han mostrado que muchas de las personas que tienen miedo a gritar, es porque de niños generalmente escucharon muchos gritos fuertes o constantes, tal vez como parte de una dinámica normal en casa, y saben lo mal que se siente, por eso contienen

su voz y se reprimen. Este ejercicio ayuda a superar esa incomodidad al gritar y liberar. Hazlo sin pena, es liberador y traerá con contundencia la energía que necesitas recuperar en ti.

- De verdad, hazlo sin pena, no hay nada que pueda hacerte sentir ridículo más que tus propios pensamientos. Si fuiste objeto de que te ridiculizaran en casa tus padres, hermanos u otras personas, lo más probable es que temas, inconscientemente, hacer el ridículo. Con mayor razón pide auxilio de arcángel Ariel, te ayudará a soltar esas huellas dolorosas en tu vida para que siga floreciendo el guerrero de luz que eres.
- Pide su fortaleza para que te ayude a distinguir los tiempos para esperar, pero no renunciar. Para seguir al pendiente cargándote de energía y cuidando la situación. Para que lo único que sueltes sea el dolor y la preocupación a la que el ego invita. Pide su fortaleza para seguir adelante con el seguimiento eficaz y oportuno con el que te guía arcángel Ariel.
- Decir su nombre y de manera concreta pedir su ayuda.

Cuándo pedir su ayuda o razones por la cuales arcángel Ariel puede estar contigo:

- Necesitas aprender cuándo es momento de "acechar" y cuándo de actuar, aprender a distinguir el instante en que "te lanzas" con toda intención.
- Para dejar de postergar lo que tienes que hacer.
- Acepta que eres un guerrero de luz.
- Es tiempo de atreverte.
- ¡Necesitas moverte!
- No reconoces todo tu poder personal y te invita a hacerlo.

- Necesitas reconocer el valor de las mujeres alrededor de ti.
- Estás aprendiendo a ser cada día más seguro de ti y de tus decisiones.
- Estás aprendiendo tu valor.
- Cuando necesitas sacar tu fortaleza interior.
- Si deseas ayudar al cuidado de animales.
- Hay un tema relacionado con la abundancia en el que te está ayudando.
- Pide su ayuda para manifestar tus sueños financieros.
- Te motiva a hacer ejercicio.
- Pide que te ayude a generar armonía "en la manada".
- Si este arcángel está contigo, en tu misión de vida está ser líder y dirigir a otros para que logren un mayor equilibrio, uniendo su energía femenina y masculina.
- Tu gran reto: el equilibrio constante.

Arcángel Azrael

Su nombre significa: "Aquel a quién Dios ayuda", también se le conoce con los nombres de *Asrael* o *Izril*, en el islam se le conoce como *Israfil, Israel*. Este arcángel tiene el poder inmenso de Dios para regresar a la paz a la persona que lo invoque casi de manera inmediata, todo depende de tu claridad interna y de tu determinación al pedirlo. Sin duda, es impresionante la paz que transmite al entrar en contacto con él. Es callado, su energía trae tranquilidad y puedes tener la sensación de que no hay prisa para nada.

Es un arcángel que permanece el tiempo necesario a tu lado y puede pasar desapercibido cuando está contigo por lo silencioso que es. Lo más común es llamar o sentir cerca a arcángel Azrael cuando vives un duelo, una pérdida, cuando es tiempo de cerrar algún ciclo o una relación necesita cambiar de forma.

Es conocido como el "arcángel de la muerte" lo cual no significa que si está contigo en determinado momento, estés próximo a morir. Como ya lo anoté, su presencia indica, en términos generales, que es tiempo de soltar, de dejar ir. Pero no soltar desde una idea equivocada, una forma de pensar tóxica a través de la cual te haces daño. También se hace presente cuando es mejor cerrar un ciclo con una pareja o con un grupo de personas que ya no están acordes con tu frecuencia vibratoria o con tu conjunto de valores.

A veces estas separaciones pueden ser complejas y arcángel Azrael está ahí para ayudarte. No importa lo difícil que parezca la separación, *Él* te guiará si es lo mejor en tu camino. Mantente abierto a sus señales y exprésale tu deseo de llevar a buen término la relación sin importar la naturaleza de la que se trate, si es laboral o personal. Pídele su guía para acabar con un ciclo vicioso que te esté lastimando o bien para mejorar esa situación con el fin de no terminar en una separación física con resultados muy dolorosos.

Arcángel Azrael es de mucha ayuda para cerrar bien una relación laboral o el ciclo en una empresa. Lo importante es percibir cuando se hace presente y comprender por qué es muy favorable para ti no dedicarle más tiempo y energía de tu vida a esa(s) persona(s) y mejor enfocarte en nuevos comienzos cerrando de la mejor manera. Todo ciclo, para realmente cerrarlo, debe terminar en algún momento de gratitud.

Recuerda que lo importante no es dar un portazo e ir de empresa en empresa o de relación en relación, baja la velocidad a esos arranques, con éso sólo acumularás dolor, no comprensión. Detente, inhala y exhala, pide paciencia, arcángel Azrael está contigo. Lo importante es que te abras de mente y corazón para pedir ayuda y te dejes guiar para comprender que esa situación que hoy te causa dolor tiene que ver con una forma de pensar que has tenido y tè lleva una y otra vez a situaciones similares con distintos "maestros".

Te recuerdo que del tamaño de tu decisión, mientras más claro y firme sea tu deseo de verte, del mismo tamaño será la posibilidad de sanar. Sólo aquel que está dispuesto a ver por encima

de las ofensas que alienta su indignado ego, verá la verdad. Mantente abierto y dispuesto, el final es seguro, la *Verdad* te liberará.

Ciclos de muerte en vida

Si bien hay situaciones que parecen acabar de manera muy natural,
sin mayor esfuerzo ni complicación, terminando con una "dolorosa
bendición" o en amistades "singulares", también hay otras en las
que nos quedamos con una sensación de pérdida constante o que
los ciclos de muerte o agonía se prolongan, durando meses o años.
Arcángel Azrael conoce lo doloroso que esto puede ser para ti, ya
sea porque no vemos los resultados que anhelamos, porque no se
recuperan las personas que amamos, y sabe también que puedes
desesperarte porque no sientes que avanzas, ni te gustan tal vez las
opciones que te dan. Arcángel Azrael también sabe que en ocasiones
"quizás te preguntes: ¿Por qué por más que pongo mi energía y em-
peño en salir adelante, esto parece no avanzar? ¿Por qué tarda tanto?"

Aunado a estas complicaciones, otros ciclos difíciles
pueden tomar la forma de dolor y ansiedad por la racha de
muertes constantes que nos sorprenden y ponen a muchos a
temblar, o bien por meses, incluso años de pérdidas financieras
que nos hacen decir: "¡Ya estoy cansado! ¿Qué necesito entender
para que me vaya bien?" Son situaciones que nos frustran sin
que en ese momento podamos tener claridad.

Otros ejemplos de ciclos "de muerte en vida" pueden de-
berse a rachas donde no se encuentra trabajo y hay numerosos
problemas financieros, ahí donde la vida parece que nos empuja
a algo sin respuesta: "¿A qué me quieren empujar? ¿Qué no logro
ver en esta situación para que se pueda resolver?" Justo en esos
casos es cuando puedes pedir ayuda al arcángel Azrael, él está
ahí, atento a que pidas su ayuda.

Él te puede ayudar cuando te sientas en estos ciclos de *sensación de pérdidas*. También puedes pedirle auxilio cuando estos ciclos sean en el área personal o sentimental. Relaciones que con frecuencia no parecen ir bien, cuando tienes miedo de llegar a una temida separación o a un divorcio, o en general con relaciones de amistades o de trabajo que no terminan de la mejor manera. Son ciclos que ya no dan para más, sin embargo nos quedamos y se nos hacen muuuy largos, desgastantes, difíciles de aguantar.

Esos procesos que te hacen sentir angustia en vida, muertes o agonías largas, instantes llenos de incertidumbre, muertes no deseadas o no esperadas, muertes para las que no estabas preparado... ante la sensación de muerte en vida, o el deseo de morir por el dolor que sientes, esa área es la especialidad de arcángel Azrael. Él me ha explicado que se requiere de mucha compasión ante estos procesos, pero al final *su comprensión* y *compasión*, te ayudarán en tu duelo, te ayudarán a vivir estos procesos y a superar el dolor.

Arcángel Azrael explica que a eso le llama ciclos de "muerte en vida". Se refiere a que son momentos que nos traen grandes lecciones de vida, las pedimos antes de nacer, elegimos en que momento sucederán y con quiénes, para avanzar en nuestro proceso de desapego en la Tierra. En estos ciclos trabajarás el soltar y el desapego de los resultados para no estar "secuestrado" en tu propia vida, dejando temporalmente la alegría en tu camino. Son ciclos en los que te esforzarás mucho esperando mejores días por venir... sin embargo, parece que están tomando mucho tiempo en llegar.

Sabemos que estas situaciones pueden generar mucha frustración, dolor, ansiedad, por lo que arcángel Azrael permanece con las personas mientras pasan por estos ciclos, les trae consuelo en estos momentos que parecen no cerrarse, donde no parece fácil avanzar. Él tiene la paciencia infinita que, tal vez, por momentos, tú no sientas para continuar. En su paciencia él posee la claridad del orden divino y te puede ayudar a entender la bendición que hay detrás para todos los involucrados, te ayuda a trabajar con el desapego necesario, a librar el dolor y, sobre todo, a avanzar más pronto de lo que tú lo harías solo.

Le puedes pedir a arcángel Azrael que permanezca contigo durante un largo período de tiempo, en lo que se resuelven esas situaciones, y te dé soporte emocional. Esto puede tomar meses o años, tal vez te parecerá que no logras recuperarte de esas situaciones o golpes de ansiedad y de dolor. Quizá sentirás que pierdes "cosas" en tu vida, así como el control de tu existencia, pero aprenderás, a tu velocidad, que una tras otra situación te llevará necesariamente *al despertar* de un sueño de dolor.

Incluso ante la pérdida de un ser querido, arcángel Azrael no le llama a esto *perder*, no le llama *mala suerte*, no hay *error*, Él explica que todo forma parte de un plan perfecto donde tarde o temprano entendemos que este mundo no tiene nada realmente valioso que ofrecernos. Y cómo diría el maestro Jesús: "Sólo estamos aprendiendo a diferenciar lo que tiene valor de lo que no lo tiene."

"Cuando estés más listo en tu aprendizaje de desapego, estarás listo para querer intercambiar más gustosamente la Tierra por el cielo. O dicho de otra manera, estarás listo para intercambiar *la nada* por *el Todo*." Jesús, en *Un Curso de Milagros*.

Un arcángel silencioso y compasivo

Es muy raro que las personas se den cuenta de su presencia durante estas etapas de cierre, de duelo o de muerte en vida, pues Él te brinda apoyo y te sostiene de manera silenciosa, no necesita reconocimiento, te ayuda a sostenerte en forma constante mientras pasas por estas etapas. ¿Por qué lo hace de manera tan silenciosa o respetuosa? Sólo piensa en cómo apoyas a alguien cuando está en su duelo, ¡no intentas hacerlo reír a carcajadas para que se sienta mejor!, le ayudas acompañándolo y haciéndole saber tu amor incondicional por medio de tu presencia. Él te llenará de pensamientos de paz, de aceptación, y para que puedas seguir adelante, te traerá mensajes incluso de tus seres amados que han trascendido, cuando estés listo o cuando se requiera en tu proceso.

Arcángel Azrael te ayuda a ser compasivo contigo en esos procesos, pues él menciona que somos impacientes con nosotros. Ante esa falta de respuestas y de claridad muchas veces nos tratamos con más exigencia que con amor. Tenemos prisa por estar bien sin saber qué nos conviene más que suceda. Siempre creemos tener la respuesta y después el mismo plan divino se encarga de ayudarnos a entender que no sabemos qué conviene más en cada situación.

Arcángel Azrael sabe que el trabajo de desapego es para toda la vida, y entre mejor hagamos nuestra tarea en el área del desapego, mejor y más pacífica será, no sólo nuestra vida, sino nuestra misma "muerte". Él te ayudará a cambiar esas ideas que te atemorizan, así comprenderás que cada ciclo que parece terminar, es sólo la oportunidad de entrar a un nuevo ciclo de mayor amor, de mayor conciencia.

Entre más cerca tengas el recordatorio de la muerte, más presente tendrás el recordatorio de la vida. Eso lo aprendí con este arcángel. Él me ha explicado mucho de lo que nosotros llamamos muerte, y de lo que sucederá cuando una persona va a fallecer: trascender. Es así como muchas veces, con las personas que me ha tocado ayudar a bien morir, ahí, en su lecho de muerte, es donde más he aprendido de la vida.

¡No puedo cerrar el ciclo!

Hay otro tipo de situaciones, como cuando queremos vender una casa, terrenos, que se resuelvan embargos, remates o alguna situación legal en particular que no avanza, situaciones económicas estancadas... ¡pero no se resuelven por más energía y tiempo que pareces ponerles!... Por ejemplo: "¡Qué hago para que ya se venda!" "¿Por qué es tan largo el proceso?" Entonces le pides ayuda a los ángeles y parece que no pasa nada... muchas personas me preguntan: "¿Los ángeles escuchan en esas situaciones cuando algo no se resuelve?" O recurren a cualquier otra cosa, llegan a creer incluso en brujería: "... alguien les hizo un hechizo, conjuros..." Hacen hasta *remedios caseros* para *descongelar* o *congelar* las situaciones, y pedir que sucedan *a su favor* o se *arreglen las cosas*... eso sólo muestra que no confías en el Plan Divino.

Los ángeles te recuerdan que en el plan divino no hay errores, puede no gustarnos lo que vemos por el momento, puede dolernos incluso, causarnos incertidumbre el futuro, y esto durará lo que tardemos en aceptar que el "no movimiento" también *es* una respuesta, y contundente. Duele sólo cuando no tienes confianza total en el plan divino: entre mayor sea tu confianza, menor será el dolor, entre mayor sea tu claridad interna y tu deseo de ir hacia dentro y no hacia fuera, vislumbrarás la respuesta que necesitas.

La mayoría de las personas piensan que en esas ocasiones cuando las "cosas se arreglen"... entonces dependen de que algo externo suceda, esto significa que hay un proceso interno sin atender. Pueden ser grandes apegos, sentimientos de enojo u odio relacionados, situaciones que no han sido llevadas al perdón.

Pide ayuda a arcángel Azrael para terminar de resolver asuntos que tengan mucho tiempo sin "cerrarse" y recuerda que el "no movimiento" sólo significa que hay lecciones sucediendo, aprendizajes que llegan mucho más lejos de lo que alcanzas hoy a comprender, pero este arcángel te ayudará a saber esperar, a vivir tus duelos, entonces sucederá lo más hermoso en ese tiempo... a pesar de ti, madurarás, crecerás en conciencia, las personas que necesiten entrar en tu vida llegarán y las que ne-cesiten salir, saldrán... pero tú no serás el mismo, si te acercaste a los ángeles, cada día que pase y mientras más sea la distancia más comprenderás: "Ahora veo cómo cuidaban de mi." Sí, siempre te están ayudando a crecer de la manera más amorosa posible. Es mejor si sólo dices: "Sí, acepto."

He vivido maravillosas historias de amor incondicional y desapego con este arcángel, es un buen maestro. Su comu-nicación es por telepatía o mediante la habilidad psíquica que expliqué ampliamente en mi libro *Una Vida con Ángeles*, llamada *clariconocimiento*, es decir, la comunicación a través de ideas repetitivas. Arcángel Azrael con su mirada profunda y serena transmite una infinita paz, la paz de Dios.

En los hospitales, en sesiones de sanación y de tanato-logía, ahí cuando estaba ayudando a *bien morir* a un hermano, es cuando se hace presente para indicar que la persona está lista para dejar su cuerpo o dejar esta vida, en la forma en que la conoce. Él nos indica cuando hacer nuestra transición o lo que solemos llamar morir. Arcángel Azrael ayuda a preparar a los fa-miliares también para este viaje o a la persona a la cual le indica que es su tiempo de "partir".

Nunca me he topado con una persona a la que arcángel Azrael le indique que un familiar o ser querido va a fallecer, o tiene esa posibilidad, y que la persona sufra al respecto, increíble pero cierto. Sabe cuándo y a quién comunicarlo, es decir se puede ver el dolor de la separación probable o inminente, pero no

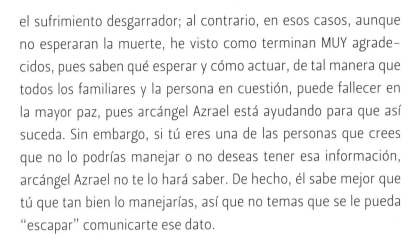

el sufrimiento desgarrador; al contrario, en esos casos, aunque no esperaran la muerte, he visto como terminan MUY agradecidos, pues saben qué esperar y cómo actuar, de tal manera que todos los familiares y la persona en cuestión, puede fallecer en la mayor paz, pues arcángel Azrael está ayudando para que así suceda. Sin embargo, si tú eres una de las personas que crees que no lo podrías manejar o no deseas tener esa información, arcángel Azrael no te lo hará saber. De hecho, él sabe mejor que tú que tan bien lo manejarías, así que no temas que se le pueda "escapar" comunicarte ese dato.

Experiencia con arcángel Azrael: cuando la muerte es anunciada

A lo largo de todos estos años he trabajado mucho con este arcángel, porque parte de mi misión también incluye aclarar y desmitificar el tema de la muerte en la forma en que nosotros –forma humana– la vemos. He trabajado con *Él* en hospitales, con enfermos terminales, en terapia intensiva, con enfermos no tan graves, en muchas sesiones privadas, incluso sentada a un lado de la cama de personas que estaban próximas a bien morir.

Arcángel Azrael me guió para ayudar a personas a hacer su cierre de ciclo de vida y siempre he aprendido mucho de Él. Es extraordinaria la forma en la que ayuda a comprender las grandes lecciones de vida y cómo te ayuda a regresar a un estado de paz, incluso estando en ese mismo momento al que llamamos "el final". Un ejemplo de cómo arcángel Azrael ayudó a toda una familia en esos difíciles momentos, fue cuando me comunicó que una persona estaba por fallecer, esto fue lo que sucedió una fresca noche de un 27 de noviembre, en una sesión grupal de ángeles que impartía.

Me encontraba en una terraza frente a un grupo de personas a las que esa noche iba a canalizar los mensajes de sus
ángeles, entre esas personas se encontraba una linda mujer
llamada Laura Mendoza Martínez. No la conocía y ella no sabía
de mí hasta ese día que me conoció. Hasta ese momento ella
creía que había llegado por "coincidencia", cubriendo el lugar de
una amiga que no pudo asistir, los lugares para las sesiones con
ángeles estaban cubiertos con muchos meses de anticipación,
había una larga lista de espera, así que en realidad Dios había
guardado ese lugar para Laura.

Empecé y di la explicación como lo hago cuando estoy frente
a un grupo, los mensajes que me toca entregar tienen que ver en
realidad con todos, nunca hay coincidencias, solo "Dioscidencias".
Comencé y la primera persona a la que canalicé fue una mujer cuya
madre fallecida estaba con ella, había elegido quedarse a su lado
para cuidarla y tenía un mensaje que darle, Laura ponía atención
ya que su abuela acababa de fallecer y el dolor seguía latente, ese
mensaje le trajo confort a esa partida reciente.

La noche avanzó y yo les avisé que sólo haría una canalización más, por supuesto los ángeles sabían que el turno siguiente
era el de Laura. Al dirigirme a ella, arcángel Azrael comenzó por
mostrarme la imagen de una persona mayor de edad con un ramo
de rosas blancas en sus manos, estaba como ausente, volteando
su vista hacia otro lado, no hacia nosotros o hacia ella, sino hacia
un paisaje hermoso, lleno de montañas y un cielo muy bello.

Laura inicialmente pensó, cuando dije una persona de edad
avanzada, que se trataba de su abuela, pero le dije que era una
persona que no podía comunicarse verbalmente con palabras.
Entonces ella se dio cuenta de que me refería a su padre, y me
confirmó que no podía comunicarse porque tenía la enfermedad
de Alzheimer.

–Pensé que hablabas de mi abuela, ella acaba de fallecer.

–No, esa fue una preparación...

–¿¡Cómo viene algo más fuerte?!

Yo ya no sentía la presencia de su padre en este plano y arcángel Azrael me pidió que le dijera a esta linda mujer:

"Pasa más tiempo con tu padre en estos próximos días."

Ella me contestó suave e inmediatamente: "Sí, paso tiempo con mis padres, los visito cada fin de semana, de hecho los acabo de ver." Ellos eran cinco hermanos y se turnaban para cuidar a su papá un día de la semana por las noches, además de la enfermera que lo atendía. No se trataba de saber si era buena hija o qué tan regularmente visitaba a sus papás, el mensaje era que le quedaban pocos días de vida a su padre. Le expliqué la imagen que me mostró arcángel Azrael, en ella veía a su padre con su mirada fija en otra dirección hacia un paisaje hermoso; le hice saber también que me mostraba que estaba enfermo y era importante que pasara más tiempo con él.

El padre de esta joven me decía, mostrándome las flores blancas, que estaba muy agradecido con su esposa y con sus hijos, muy agradecido por lo que habían hecho por él, sólo que ya quería descansar y le preocupaba que su esposa estuviera bien con su partida, todo me lo comunicaba sin palabras, por telepatía, las palabras sobran en el mundo espiritual.

Ella me contestó que, efectivamente, su papá tenía tiempo enfermo, ocho años, pero que en la última ocasión que lo visitó "lo había visto mejor", nuestra plática fue un jueves en la noche y ella lo había visto el sábado anterior. Cuando fue a visitarlo ese sábado, la recibieron con la noticia de que su padre ya no podía caminar, pero ella se rehusó a creerlo y desde un balcón le gritó:

"¡Claro que puedes! ¡Sí puedes caminar!" Ella misma bajó corriendo el piso que los separaba y lo ayudó a levantarse de la silla de ruedas y subieron juntos las escaleras: "¡Él ha progresado!" Así se retiró Laura, pensando: ¡Sólo hay que motivarlo! "¡Sólo hay que ayudarlo!"

A lo que yo agregué: "Muy bien, sólo que si arcángel Azrael, conocido como el *Arcángel de la muerte* me pide estar más tiempo, cerca de mi padre, yo lo haría."

Arcángel Azrael agregó:

"Aprovecha este tiempo con él
y tendrás tiempo para todo lo que necesitan.
él estará en paz."

Después le comuniqué cuanta paz me hacía sentir, la paz que emanaba de su padre cuando miraba hacia otra dirección, y le dije: "Todos estarán en paz."

Ella agradeció el mensaje y partió reflexiva y temblorosa a su casa. Ahí la esperaban sus compañeros de la maestría, ¡tenían trabajo final para entregar al día siguiente! Ella había llorado en el camino por el mensaje recibido y llegó a trabajar aunque de distinta manera, sus compañeros notaron una diferencia en ella pero sólo les pidió si podían adelantar lo que necesitaran, pues ella estaba dispuesta a irse, acabado el trabajo, a casa de sus padres. Al terminar, a las dos de la mañana, sin pensarlo se fue a casa de sus padres. Se encontró al hermano que le tocaba dormir ese día ahí, y de "coincidencia" había otra hermana, y el otro, el punto es que estuvo rodeado de sus hijos, todos platicando, rodeándolo con su amor esa madrugada. Ella se fue sintiéndose en paz y regresó inmediatamente al día siguiente para ver de nuevo a su padre.

Cuando llegó, su madre la recibió de distinta manera, le dijo que esta vez veía a su padre decaído, que llamaría al doctor, pues a su papá de nuevo le costaba trabajo caminar y pasar los alimentos por lo mismo del Alzahimer. En esta ocasión, con el mensaje muy claro de sus ángeles del día anterior, decidió hablar claramente con su madre, comentarle de la reunión a la que había asistido y del mensaje de los ángeles.

Fue directo al cuarto de su padre, y aunque los doctores le habían dicho que no los podía escuchar, que ya no entendía, ella se dirigió a él con gran seguridad: "Papá, sé que quieres darnos un mensaje y sé que estás intranquilo porque te preocupa mi madre, también sé que estás cansado pero agradecido con nosotros, lo sé. Quiero que sepas que yo estoy más agradecida contigo, tú durante muchos días me cambiaste los pañales, Dios sólo me dio la oportunidad de hacer lo mismo por ti, no desesperes, tú solo nos diste amor y por amor nosotros lo hicimos por ti. Debes estar tranquilo, hiciste lo que tenías que hacer, te amo." Ella dice que él tuvo un momento de lucidez y le dio un beso. ¡¡Fue un gran milagro de amor!!

Cada uno de los hermanos y su madre confió en el mensaje entregado por sus ángeles, y cada uno pasaron a despedirse de él ese mismo sábado, ella sabía que esta vez era diferente, no sólo sería una recaída, incluso la única hija que estaba distanciada llegó a despedirse de él. Y exactamente siete días después de recibido el mensaje de arcángel Azrael, su padre falleció a las tres de la tarde. Ella fue la última en llegar ese día, le dio un beso en la frente y agradeció una vez más la oportunidad de haberse despedido, ella y toda su familia. Su padre sólo la estaba esperando y con un último beso que le dio en la frente su padre partió de ese cuarto.

Laura me hizo llegar un mensaje con su amoroso agradecimiento y me aclaró cómo habían sido las cosas, todo sucedió como fue indicado. Le dio tiempo de reunir a sus hermanos, de hacer cada uno su despedida, juntos pudieron hacer ese cierre de ciclo de vida y de manera hermosa lograron despedirse de él en medio del mayor amor y gratitud.

Ahora, a diferencia de lo temible que puedas creer que sea recibir esa noticia, Laura estaba lista para recibir ese mensaje. Arcángel Azrael sabía que en el caso de ella y de su familia, era lo mejor para todos y por eso le fue comunicado. Permitieron que su papá se comunicara a través de mí, para darles ese mensaje, pues sabían que todos desearían oírlo, estaban listos aunque no lo supieran. Efectivamente, les fue concedido el tiempo –¡que bendición!–, se quedaron con una gran paz al expresar lo que necesitaba cada uno, su gratitud, su amor. Confía en que Dios sabe el día que has elegido tú y todos tus seres queridos, será cuestión de tiempo pero con su ayuda, lo único seguro es que en todos reinará la paz.

 MENSAJE DE ARCÁNGEL AZRAEL

"No hay necesidad de agitarse, es sólo un viaje de la conciencia,
pero no has perdido ni podrás perder nada nunca.
La muerte, como tú la llamas, no puede quitarte nada.
Disfruta el viaje, es sólo un viaje y te ayudaré en todo momento,
hasta aquellos en los que más temes.
Te ayudaré a ver la luz más grande y a sentir la Paz de Dios.
Recuerda mis palabras, al final del camino
sólo podrás sentir un inmenso amor, supremo, divino.
En cada inhalación y en cada exhalación
sólo sentirás, lo que siempre estuvo destinado para ti,
una inmensa paz."

Arcángel Azrael te ayuda a:

- Cerrar ciclos en tu vida.
- Comprender los ciclos de muerte en vida.
- Enfrentar los sentimientos de soledad.
- Entender partidas o separaciones.
- Vivir en mayor paz tu duelo.
- Comprender y asimilar la muerte.
- Experimentar qué hay más allá de lo que llamamos muerte.
- Apoyar a familiares a hacer cierres de ciclos de vida.
- Traer consuelo.
- Desintoxicarte emocionalmente de tus duelos.
- Relajar la actividad mental si se lo pides.
- Estar en silencio.
- Lograr los votos de silencio a monjes o personas que desean hacerlos.
- Motivar y guiar a tanatólogos, terapeutas, sanadores que quieran ayudar a bien morir a otros.

Color de aura:

- Interno: café rojizo, tipo terracota.
- Externo: luz blanca.

Su energía:

- Masculina suave, concreto, escoge muy bien sus palabras, paciente.

Ante su presencia puedes observar, tener o sentir las siguientes manifestaciones, símbolos o visiones:

- Muestra un farol o quinqué con el que ilumina el camino.
- Muestra una imagen en la que guía una balsa.
- Destellos de luz blanca cuando estás con ojos cerrados.

- Imágenes de cruzar un río.
- Imagen de cruzar un túnel para ir a la luz.
- Monedas pequeñas o de baja denominación.

Sensaciones:

- Silencio profundo.
- Sensación de ir en una barca en un río.
- De mucha paz repentina.
- Confianza en que lo que viene es lo correcto.
- Ganas de estar en silencio.

¿Cómo se manifiesta en la vida cotidiana?

- Te encuentra en libros de duelo y de cómo superar la muerte.
- Encuentras tiradas monedas de baja denominación.
- Utiliza el símbolo de las mariposas blancas u obscuras.
- Te ayuda a rodearte de silencio o a llegar a lugares donde puedes encontrarlo.
- En meditación te pueden llegar imágenes de cruzar un túnel con una gran luz al final.
- Te encuentras libros que te ayudarán a sanar o cerrar un ciclo, como un divorcio, la muerte de un ser querido, también libros de tanatología de oración.

Palabras o frases que puedes escuchar:

- Suelta y libera.
- Deja ir.
- Es tiempo.
- El momento es correcto.
- Hora de partir.

- Ayuda a los familiares a aceptar que es el momento.
- El tiempo es perfecto.

Invocación:

"Querido arcángel Azrael:

Te pido por estos momentos de soledad y de desamparo que siente mi alma, ayúdame a ver más allá de mi dolor y más allá de la ilusión. Ayúdame a recordar el amor eterno de Dios hacia mí, ayúdame a sentirlo en mi ser. Ayúdame a cerrar todo ciclo que no sea beneficioso para mí, abriéndome todos los caminos hacia la voluntad de Dios aquí y ahora.

Así sea, así ya es.

Gracias arcángel Azrael."

Formas para facilitar sentir a arcángel Azrael:

- Pasando tiempo en silencio.
- Pedir su ayuda mentalmente (tal vez sientas sueño).
- Estando en hospitales.
- Es un arcángel que te da ayudas muy visuales, pídele algunas señales con sus símbolos o acerca de los ciclos que dudes si está bien cerrar o no. Es muy claro.

Cuándo pedir su ayuda o razones por las cuales arcángel Azrael puede estar contigo:

- Es momento de empezar otra actividad, dejar de hacer algo o la forma en que lo haces.
- Nuevos giros a tu misión están en camino.
- Está cerca el momento de un duelo y te está previniendo.
- Te ayuda a recuperarte de una "mala racha".
- Tienes una vocación auxiliando a otras personas.

- Te está ayudando a "dejar atrás" a personas de tu vida que no traen lo mejor para ti.
- Te ayuda a desintoxicarte emocionalmente.
- Te ayuda a aprender la lección para cerrar un ciclo legal, administrativo o emocional, y así regresar a la paz.
- Pide su ayuda si alguien que amas está próximo a morir: *Él* traerá toda la ayuda que necesitas.
- Termina con esas actitudes que te dañan a ti y a los que te rodean.

Arcángel Chamuel

Su nombre significa "El que busca a Dios" o "El que ve a Dios", también conocido como arcángel *Shamuel o Samuel*. Este arcángel tiene una energía alegre, ligera, risueña. Te transmite sus mensajes de maneras muy sencillas, con formas muy frescas y juguetonas, por lo mismo te ayuda a recordar siempre el vivir de forma ligera y relajada. Cada vez que te estreses demasiado por alguna situación, este arcángel te ayudará a no dedicarte de más ese tema, a no preocuparte cuando no haya razón.

Él te ayuda a recordar que muchas de las veces que nos preocupamos es por cosas que aún no pasan, ¡y que tal vez nunca pasen! O nos llenamos de miedos que sólo están en nuestras mentes o provienen de nuestro pasado y nos atormentamos pensando en un futuro lleno de incertidumbre que tú mismo alimentas. Por lo que arcángel Chamuel te ayuda a mantenerte en el presente, y no sólo eso, te ayuda ¡a disfrutarlo! Cada vez que te caches "futureando" preguntándote si algo saldrá bien, puedes decir en voz alta:

"Arcángel Chamuel rescátame de esta incertidumbre y de mis miedos, ayúdame a sentirme de nuevo a salvo y protegido, por siempre bendecido y cuidado por mi padre Dios."

Eso te ayudará a regresar a la calma y a dejar de "futurear" en escenarios de incertidumbre o de posible dolor, repítelo tan seguido como lo necesites. Los ángeles siempre nos ayudan a llegar a ese futuro probable donde ellos saben que somos más felices. Cuidan de tu bienestar y de que vibres en la frecuencia del amor, sólo recuerda ¡decir que lo aceptas! #YoAcepto.

¿Momentos de tristeza? También puedes llamar a Arcángel Chamuel cuando tú o alguien que conoces se encuentra deprimido, estresado y lo quieras apoyar dándole ánimos. Muchas veces pasa que no sabemos cuál es la mejor manera de apoyar a alguien, no sabemos cómo darle ánimos. Si quieres ayudarle a alguien a sonreír de nuevo, sólo pídele auxilio a arcángel Chamuel, él sabrá guiar a esa persona para regresar al equilibrio sin que tú intentes controlar los estados de ánimo de las personas que amas o te llenes de expectativas ante la forma que puedan responder.

En cuanto a ti, pídele que traiga a tu mente los pensamientos o las situaciones que puedan facilitarte la felicidad día tras día. Que te ayude a apreciar lo que hay en tu camino, como venga y cuando sea, para ti o para esa persona que amas, ¡tú siempre puedes pedir ayuda como intermediario angelical para los que amas! En realidad ya tenemos todo lo que necesitamos para ser felices en tiempo presente, pero no sabemos verlo o valorarlo, por lo que este arcángel te ayudará a darte cuenta y a apreciar lo que no has podido o no has querido ver. Te ayudará a enfocarte en lo que tienes y no en lo que insistes que te hace falta en este momento del tiempo.

Si valoraras todo lo que tienes: habilidades, oportunidades, tu cuerpo y un gran espíritu para seguir adelante... de entrada, si compraste o te regalaron este libro, quiere decir que te amas o amas a alguien, significa que también sabes leer, algo tan sencillo que ya tomas por sentado y sin embargo te da acceso a millones de conocimientos disponibles en la palma de tu mano, ¿estás seguro que no eres millonario? Si me estás leyendo ahora, quiere decir que hoy te despertaste y tuviste un nuevo día, ¡una nueva oportunidad! Diario tienes al menos una oportunidad de cambiar tu vida. Cuando empieces a apreciar más, te sentirás con más energía y ánimo para no ser tan exigente y disfrutar más el camino.

Este arcángel enseña que cuando sabemos valorar lo que tenemos para ser felices en el presente, es cuando realmente estamos listos para apreciar y ¡ver las oportunidades que nos trae la vida! *Él* puede ayudar a subir tu frecuencia vibratoria y entonces ver con mayor claridad las oportunidades y a las personas que están acercando tus ángeles para que seas feliz y te realices. Entre menos feliz seas, menos oportunidades reconocerás, creando así un círculo vicioso. Una persona enojada o deprimida encuentra más motivos para quejas, que oportunidades. Una persona alegre y optimista reconocerá más fácil una buena oportunidad traída por sus ángeles.

Cuando estás "ciego" ante las ideas de escasez que te trae el ego y te cuentas todas esas historias, lleno de miedo sólo para enredarte en ellas, arcángel Chamuel te ayudará a ver y a entender la verdad, lo que es real, punto. Incluso puedes tener una imagen de ti y te pierdes las otras perspectivas que los demás pueden ver claramente de ti.

Este arcángel te ayudará a ver más allá de lo que sólo tú quieres ver, esto puede resultar muy útil cuando ya estás listo para entender por qué las cosas no están caminando, por qué no llega el trabajo que buscas o por qué no encuentras esa relación de pareja estable que tanto añoras...

Buenas noticias, como es un arcángel que en unión con Dios sabe lo que de verdad necesitas, es muy bueno pedirle ayuda e invocarlo regularmente, puedes considerarlo un arcángel "muy chambeador" que sabe cómo ayudar con tus necesidades de cualquier tipo, incluso puede ser para ti un perfecto cupido. ¡Sí, leíste bien!

Puedes pedirle que te acerque una persona que pueda ser buena pareja. Él sabrá traerte alguien que compagine contigo. ¡Atención!, eso significa ¡que también te hará trabajar en ti! Este arcángel sabrá traer lo que estés buscando, pero sobre todo lo que realmente necesitas. Intenta ser muy claro en expresar tu permiso y después suéltalo en sus manos, que son las de Dios.

Experiencia con arcángel Chamuel: pide y encontrarás

Infinidad de veces le he pedido me recuerde dónde he dejado cosas que en la prisa o sin prisa necesito, y siempre hay una "intuición" que llega, también en forma de un "recuerdo"; es decir, nos viene un pensamiento del último lugar donde dejaste lo "perdido". Para ellos nunca hemos perdido nada, nada está perdido ante los ojos de Dios.

Una vez que te sientes más familiar en pedirle, este arcángel tiene tanta alegría que puedes notar que le gusta jugar, ya que lo realmente importante es que salgas del estrés y regreses a la ¡ALEGRÍA!, que pases tu frecuencia vibratoria de preocupación o estrés a la dicha. Así que a medida que tu contacto sea más cercano con él, te darás cuenta de que a veces hasta parece que juega contigo un poco, te hace sentir su presencia así como dice el juego: "Frío, frío...", cuando te alejas y "caliente, caliente..." cuando te acercas, sólo que a veces te darás cuenta de que ¡no está ahí!, pero era un lugar al que tenías que ir para no olvidar otra cosa que necesitas, como un paraguas que no pensabas cargar porque no sabías que llovería ese día, y al verlo, ¡claro! te parece buena idea llevarlo contigo. También te ayuda a encontrar algo que tenías tiempo "perdido", pues habías olvidado por completo que lo habías dejado ahí. En realidad, toda su guía es importante, aunque creas al inicio que no das con lo que buscas. Si es así, arcángel Chamuel te ayuda a encontrar lo que buscas, y lo que no sabes que estabas buscando, también.

En una ocasión estaba yo en Toronto, Canadá, fui a dar un curso y olvidé llevar mi péndulo de cuarzo. Requería uno porque quería mostrar la energía de nuestros chakras (centros energéticos en nuestro cuerpo) en un momento determinado del curso. Así que pedí ayuda a arcángel Chamuel y salimos a la calle una amiga y yo en busca de una tienda donde pudiéramos encontrar un péndulo... lindo de preferencia, ¡Y PRONTO!

Aunque el curso era al día siguiente, me gusta tener con tiempo todo a la mano y listo. Así que empezamos alegremente nuestra búsqueda, a caminar después de pedir ayuda a este alegre arcángel; después de recorrer las calles y de disfrutar varios aparadores, sentí como si me hubieran jalado la manga del brazo de manera contundente hacia una tienda frente a mí, a la izquierda, que estaba cruzando la calle. Ni siquiera se alcanzaba a ver bien el aparador pues cruzaban coches en ambos sentidos y tenía letras en color negro escritas en el vidrio que impedían ver con claridad las torres de cosas que parecían anunciar, así que le hice saber a mi amiga que teníamos que cruzar la calle pues al parecer ¡ahí encontraría mi nuevo péndulo!

Ella, con cara de extrañeza me preguntó: "¿Y qué te hace pensar que en esa tienda lo encontraremos o cómo lo sabes?" Ya que el local no parecía anunciar nada de lo que estábamos buscando.

Le contesté "no lo sé, sólo *llevaron* mi atención ahí, y lo sabremos cuando crucemos". Ella, animada y curiosa, cruzó conmigo y al estar cerca reímos primero al descubrir que en ambas esquinas del aparador tenían a ¡dos figuras de ángeles! Así que le dije: "Todo parece indicar que ¡si es el lugar!" No había péndulos en el aparador, era una tienda que vendía muchos tipos de cosas, pero justo en el centro de la tienda, en un pequeño cajón transparente había una selecta colección de péndulos, inmediatamente me acerqué y sentí *el* péndulo que llamaba mi atención, un hermoso cuarzo blanco, grande y transparente, cuyo color representa la pura y poderosa energía angelical, ése era al que me *estaban guiando* y ahora tenía ya la confirmación de su guía en mis manos. ¡Listo! ¡Teníamos la tarea terminada mucho más pronto de lo que las dos lo pensamos! El resto del tiempo se pudo dedicar a la diversión, como es la intención de arcángel Chamuel.

Para encontrar cualquier cosa que desees, persona, pareja, algo que necesites, recuerda que puedes pedir ayuda al mundo espiritual, en particular, a este arcángel, él te ayudará a entender si estás abierto al Amor Perfecto.

Dios siempre nos da lo que necesitamos más allá de lo que deseamos.

El ego puede desear infinidad de cosas y luego enojarse por lo que aún falta, necesita desear cosas y tomar partido, pero este arcángel te ayudará a encontrar desde lo más básico, como encontrar un lugar de estacionamiento, tus llaves... hasta mostrarte lo que realmente sea en tu mayor beneficio.

Te cuento otro ejemplo que ahora me recuerdan y te será de utilidad. En una ocasión que estaba también fuera del país, iba en un coche después de haber terminado un curso, me dirigía a una pequeña plaza que descubrí en el camino. Al llegar, no encontré lugar para estacionarme. En la primera vuelta que di no vi ningún sitio, así que pedí ayuda a arcángel Chamuel. En la segunda vuelta me alegró ver que al girar, justo a tiempo salía un coche exactamente donde más me convenía. Sin duda valió la pena dar la vuelta a la cuadra, estaba listo mi lugar y, por si fuera poco, solté una gran carcajada al estacionar el coche, pues de inmediato llamó mi atención el letrero que quedó justo frente a mí, tenía una flecha grande que te dirigía al nombre del lugar: *The Angel Spot*, "El lugar del ángel". Como así es la función de arcángel Chamuel, no sólo me guio a un lugar de estacionamiento, también me ayudó a traer una gran sonrisa durante el resto del día. ☺

 ## MENSAJE DE ARCÁNGEL CHAMUEL

"La vida se disfruta más cuando te relajas.
La razón por la cual creas que no puedes relajarte
entrégamela a mí,
confía totalmente en que Dios conoce lo que es mejor para ti.
Tu vida está colmada de bendiciones
y yo te ayudaré a observarlas.
Pídeme que te ayude a aclarar
qué es lo realmente importante en tu búsqueda.
Sonríe, un día cesarás toda búsqueda
y recordarás que Dios es en ti."

Arcángel Chamuel te ayuda a:

- Subir la alegría repentinamente.
- Encontrar objetos o personas que buscas.
- Encontrar al tan anhelado hombre o mujer "de tus sueños".
- Traer a los candidatos (arcángel Raguel te ayuda con la historia de amor, romance, compromiso y pasión).
- Conseguir recursos monetarios y te ayuda a confiar que puedes obtenerlos sin dificultad, ya que en realidad todo lo que necesitas ya te ha sido concedido.
- Encontrar todo lo que necesitas para tus fiestas y pondrá en tu camino aun cosas mejores que no habías pensado.

- Traer alegría en fiestas o reuniones.
- Encontrar datos que necesites para tu trabajo.
- ¡Encontrar las llaves del coche!
- Buscar una pareja.
- Encontrar el sentido de la vida.
- Encontrarte en tu búsqueda espiritual.
- Dejar de "futurear" para concentrarte en el presente.
- Encontrar balance en tu vida.
- Sentirte en equilibrio.
- Tener tiempo para ti.
- Tener ideas de dónde vacacionar.
- Hacer planes.
- Encontrar tiendas.

Color de aura:

- Interno: amarillo trigo, puedes llegar a ver destellos rosas.
- Externo: verde limón

Su energía:

- Masculina suave, alegre y relajada.

Ante su presencia puedes observar, tener o sentir las siguientes manifestaciones, símbolos o visiones:

- Trébol de buena suerte.
- Muestra llaves, para recordarte que tiene la llave para todo.
- Visiones de lugares donde encontrarás personas o cosas importantes.

Sensaciones:

- De relajación.
- De no tomarlo tan en serio.

- De alegría.
- Te hace sentir que es como un juego: re-lá ja-te.
- Te ayuda a perder el estrés, ya que nada está perdido.

¿Cómo se manifiesta en la vida cotidiana?

- Llegan a ti imágenes de playas o lugares favoritos de descanso.
- Tienes sueños en los que te ves descansando.
- Sueños donde juegas o vas de viaje a divertirte.
- Sueños donde encuentras lo que necesitabas o buscabas.
- Ver imágenes de tréboles.

Palabras que puedes escuchar:

- Es un juego.
- Diviértete.
- No pasa nada.
- Nada está perdido.
- Hay un mejor lugar para ti.

Invocación:

"Querido arcángel Chamuel: te invoco pidiéndote que traigas alegría y júbilo a mi ser. Ayúdame a encontrar lo que sea más conveniente para mí en todas las áreas de mi vida: en el amor, en el trabajo... bien sé que todo lo que traigas a mí, ayudará a mi despertar y a mi realización. Acepto aquí y ahora el equilibrio, el balance en mi vida. Acepto tu ayuda arcángel Chamuel, aquí y ahora.

Así sea, así ya es.

Gracias apreciado arcángel Chamuel."

Formas para facilitar sentir a arcángel Chamuel:
- Cuando estás alegre.
- Cuando aceptas ser juguetón.
- Cuando le pides que te ayude a reír.
- Cuando haces las cosas que te ponen de buen humor.

Cuándo pedir su ayuda o razones por la cuales arcángel Chamuel puede estar contigo:
- Te hace falta sonreír más.
- Te estás tomando las cosas muy a pecho.
- Estás muy aprehensivo.
- Estás en una búsqueda.
- Te recuerda que no eres una victima.
- Te ayuda a encontrar una pareja amorosa o a mantenerla a tu lado.
- Te ayuda a encontrar el trabajo adecuado para ti.
- Te ayuda a relajarte ante las situaciones de vida.
- Te ayuda a ver lo que no quieres o no has podido ver.
- Te ayuda a encontrar elementos para conquistar a tu pareja actual o a la que llegará.
- Es importante que voltees a verte más.
- Es tiempo de mayor equilibrio entre el descanso y el trabajo.

Arcángel Gabriel

Uno de los arcángeles más conocidos y solicitados es arcángel Gabriel, él es conocido por ser el *arcángel mensajero*. Cumple esa función en todas las religiones principales monoteístas, en el Judaísmo, en el Islam y en el Cristianismo. En todas es el encargado de hacer revelaciones importantes con repercusión en la historia. Su nombre entonces, no es de sorprender, significa: "Mensajero de Dios", en hebreo significa "Fortaleza de Dios". También es llamado *arcángel Jibril o Jibrail*.

Históricamente este arcángel es conocido en el Islam por ser quien dictó el Corán a Mahoma, anunció a Zacarías, esposo de Isabel, el nacimiento de Juan el Bautista y, por supuesto, quien anunció a María que daría luz a un niño que se llamaría Jesús, hijo de Dios. Independiente de la religión que lo consideres, arcángel Gabriel se encarga de traerte un mensaje de esperanza y de amor. Anuncia las "buenas nuevas", buenas noticias y mensajes que te traerán paz. Su función es ser *el gran mensajero* de Dios.

La fortaleza de Dios para ti y tu familia

Gabriel es un arcángel que ayuda a tener fortaleza emocional, sobre todo con temas familiares. Pídele ayuda en asuntos relacionados con tus padres, para actuar con la mayor sabiduría cuando tengas que tomar decisiones. Te ayuda a velar por tus hijos, a escoger sus escuelas, a guiarlos en su educación y a saber sostenerlos económicamente. Te ayuda en la solución de conflictos entre hermanos, a mediar en familias disfuncionales donde puede estar latente el amor pero las personas no saben comunicarse o existen viejos resentimientos e intereses divididos.

Acércate a él, puedes pedirle que vele por todos tus familiares y seres queridos. Que les ayude llenándolos de bendiciones y a tener una relación basada en el amor incondicional. Él es el arcángel de la familia y sabe cómo mostrarle a cada uno su camino. Pide su ayuda y ayudarás a mantener unida a tu familia. Él traerá la fortaleza de Dios a todos tus familiares.

Comunícate mejor, ¡si pides ayuda, es más fácil!

Otra área en la que arcángel Gabriel es experto, es en la de la comunicación. ¿Cuántos de tus problemas se deben a una mala comunicación? ¿No supiste comunicar lo que realmente deseabas o en el tono adecuado? ¿A que no supiste platicar el acuerdo más favorable para las dos partes? Muy probablemente, 90% de nuestros problemas suceden por malos entendidos. Por lo que si deseas aprender a comunicarte mejor, no dudes en pedirle ayuda a arcángel Gabriel. Puedes pedirle incluso que te auxilie a redactar una carta, correo electrónico o a elegir las palabras ideales para hablar con esa persona que te impone. Pide su ayuda antes de hablar con cualquier persona o para saber si es el momento adecuado de hacer esa llamada.

Si deseas una relación más cercana con este arcángel amoroso, puedes decirle que deseas aprender a recibir mensajes del mundo espiritual con su guía, arcángel Gabriel, el "arcángel mensajero", es experto en enseñarte cómo. Precisamente, una de sus grandes cualidades es la de ser un eficiente *mensajero*. Para eso hay dos partes necesarias, la primera y muy importante es saber *recibir* el mensaje, y la otra saber *entregar* los mensajes canalizados por el mundo espiritual. Para eso es muy importante *saber escuchar* y *saber expresar*, sin duda eso también se aprende y requiere práctica.

En general, si quieres comunicarte mejor, aprender a escuchar mejor la información que dejas pasar sin darte cuenta en tus relaciones, si deseas aprender a sacar mejor provecho en tu interacción con las personas que te rodean o tienes el deseo de saber escuchar mejor los mensajes de tus ángeles, para todo lo anterior puedes pedir ayuda a este arcángel.

En general puedes pedirle que te dé guía con mensajes muy claros sobre el tema que desees en particular. Arcángel Gabriel te responderá en la forma en la que suelas poner más atención: de manera visual, en sueños, guiándote con pensamientos repetitivos o incluso acercando a las personas adecuadas a ti en el momento perfecto. Es el arcángel que te da las respuestas. Puedes pedirle que te ayude a traer mensajes de sus ángeles a otras personas y saber entregarlos cuando sea prudente hacerlo, se requiere aprender esto para no actuar desde el ego.

Arcángel Gabriel en la maternidad, paternidad y tus grandes amores

Otra de las razones por las cuales este arcángel es muy solicitado, es por todos los temas relacionados con la maternidad y la paternidad. Si te ilusiona quedar embarazada, si deseas ayuda emocional en todos los aspectos, desde la concepción, durante el embarazo y en todos los detalles del post parto, él ayuda tanto a mujeres como a sus parejas en general. ¡Acepta ayuda!

También te ayuda a saber guiar, cuidar y educar a tus hijos, (sobrinos, nietos) con amor. Arcángel Gabriel tiene toda la paciencia, sabiduría y amor para guiarte a ti y a tus hijos. ¡Es el encargado de todo el departamento de bebes, niños, padres e hijos! Puedes pedirle dotaciones infinitas de paciencia y verás los milagros suceder en ti.

Tal vez tú ya tengas hijos, no importa la edad, sabes el gran reto que significa. Es un salón de clases constante, por eso te sugiero pedir ayuda a este arcángel, tiene dotaciones infinitas de paciencia. Los hijos son grandes maestros para toda la vida. Así como tú naciste por razones muy importantes para tus padres, te has preguntado: ¿Qué regalos les traes? ¿Qué aprendizajes vienen contigo? Para ti es una enseñanza la relación con ellos, y el aprendizaje también lo traes a tus padres. Pide que ese camino sea bendecido.

En todos y en cada uno de los días existen razones donde esos lazos de amor nos traen frutos a nuestro crecimiento en conciencia. Así que en este momento puedes afirmar por tu libre albedrio y en conciencia, que agradeces los lazos de amor que te unieron con tus amados, y pedirle a arcángel Gabriel que los mantenga fuertes y unidos en ese amor. Ninguna tormenta, ningún duelo será más grande que esa fortaleza y ese amor.

Puedes preguntarle las razones por las cuales elegiste a tus familiares

Hay razones muy místicas y poderosas para elegir a los que son nuestros encuentros más cercanos, como son tus padres, tus hijos, así como las relaciones más importantes de amor en nuestra vida; en realidad todas cuentan, aun las que crees más pequeñas. Arcángel Gabriel conoce esas razones y puedes preguntarle qué regalos les traes a tus padres, o qué regalos espirituales te traen tus hijos. En caso de no tenerlos, puedes preguntarle por los regalos que en tu aprendizaje espiritual vienen de no tenerlos, o al ser madre-padre de hijos adoptados o "facilitadora" de muchas otras personas que se alegran de tus cuidados y de tu trato maternal o paternal.

Arcángel Gabriel conoce las razones y el plan divino perfecto de estos encuentros. Así que recuerda: puedes preguntarle el objetivo en tu misión de vida en cada relación. También con las relaciones que están por entrar en tu vida, las que vienen en camino y si habrán de lograrse los embarazos. Arcángel Gabriel no acelerará nada que no sea en tu mayor beneficio. Todo llega y sucede cuando es debido, recuerda: todo sucede para el mayor beneficio de todos los involucrados.

Arcángel Gabriel sabe cuándo es el momento perfecto para encontrarnos, como padres, hermanos, o con los hijos. En los lazos de amor que elegiste, está totalmente puesto tu libre albedrío y después, todo funciona de acuerdo al plan. Hoy puedes recordar y afirmar que lo mejor para tu despertar, es la familia que tienes y que elegiste.

Comunicación a distancia con tus hijos... incluso con los no nacidos

Arcángel Gabriel también te ayuda a comunicarte sin palabras y a distancia con tus hijos (sobrinos o nietos), te ayuda a saber si tienen algún problema, a sentir sus necesidades o cómo traer alegría para reforzar los lazos de amor que los unen, basta una llamada con tus hijos para que corrobores la intuición que has recibido y para ayudarlos en sus momentos de necesidad.

¡Algo sorprendente!: arcángel Gabriel te ayuda a tener comunicación con tus hijos hayan nacido o aún no. ¡Es totalmente posible!, he sido testigo de esta comunicación en numerosas sesiones en las que he canalizado mensajes a padres de sus hijos que aún no nacen y lo he experimentado en carne propia también.

Te platico lo que sucedió en una ocasión cuando una linda mujer llamada Paty fue a sesión con sus ángeles: al sentarse en el sillón lo primero que me comunicaron sus ángeles y arcángel Gabriel fue que ¡estaba embarazada! Ella sorprendida me confirmó ¡que tenía muy poco tiempo que lo sabía, pero efectivamente, ¡estaba embarazada! La felicité por la noticia y le recordé que ellos saben todo en nuestro pasado o presente por venir, por lo que continué canalizando y le entregué un mensaje que venía de su hijo.

Le dije: "Tengo a tu hijo aquí presente y quiere darte la respuesta a la pregunta que le hiciste..." Paty, aún más sorprendida, me dijo: "¿Mi hijo puede hablarte aunque está en mi vientre?" "¡Por supuesto! La comunicación no necesita de un cuerpo para que suceda. Se da porque su alma ya existe, nuestras mentes están conectadas desde antes de "estar en tu vientre" o creer que está en algún cuerpo. Él ya eligió ser tu hijo y está aquí presente, no necesita de ningún cuerpo para comunicarse", le respondí.

Ella sorprendida y curiosa a la vez me preguntó: "¡¿Qué quiere decirme mi hijo?!" A lo cual respondí tal como me lo decía: "Quiere que te diga que la respuesta es: sí." Y agregué que me llegaba la palabra *Ángel*. Ella muy sorprendida me dijo: "¡Sí, es verdad, le hice una pregunta a mi hijo!, le pregunté si le gustaba el nombre que estaba pensando ponerle en caso de que fuera niño, el nombre es ¡Ángel!" Así que le di el mensaje, un lindo bebé venía en camino y ¡madre e hijo estaban de acuerdo en el nombre! Meses después Ángel nació, es el nombre con el que fue bautizado y es un niño, por cierto, de apariencia muy dulce y angelical, ahora es "Ángel" en la Tierra.

Experiencia con arcángel Gabriel: ¿Estoy embarazada?

Estaba de vacaciones en casa de mis abuelos paternos, don Julián y Lucila, en un pueblo pequeñito y amigable en el que pasé afortunadamente muchos años de mi niñez. Era la hermosa época de navidad y ¡qué alegría!, la casa de la abuela se llenaba siempre de comida, galletas, nueces, de un ambiente familiar y de muy buenos amigos. ¡Nunca paraba gente de llegar y saludar! Así sin previo aviso, sólo entraban y llenaban la casa con su amor y su buena charla. Así ha sido la casa de mis abuelos siempre, a mí me parecía como si fuera el centro del pueblo por tan popular que parecía la casa de mis abuelos y de mis tías tan queridas por todos los que conozco, trayéndoles regalos y ¡más comida! como muestra de su amor.

El 24 de diciembre, después de la cena y la celebración navideña, me retiré al cuarto donde dormiría, yo me había estado sintiendo "muy rara" últimamente y sin saber la razón sólo pensé que se trataba de una indigestión o algo parecido que me causaba malestar. Sin mayor preocupación, me fui a dormir, me puse la pijama y sentada en la cama me dispuse a hacer mis oraciones como lo hago cada noche antes de acostarme.

De repente, al cerrar mis ojos para orar, ¡wow! ¡pum! ¡Ahí estaba frente a mí la carita de un niño viéndome alegremente! Y claro, ¡mi reacción fue inmediata!, le pregunté: "¡¿Quién eres tú?!" Él, sonriendo, me contestó: "Tu hijo." "¿¡Cómo!? ¡¿Entonces estoy embarazada?!" Le dije. Él sonriendo continuó: "Soy Jared." (¿Jared?, incluso ante mi duda me mostró en mi mente cómo se escribía).

Yo abrí los ojos ante la gran sorpresa, intrigada por saber lo que significaba ese nombre. Después de deletrearlo rápidamente y sin dar mayor explicación, volví a cerrar mis ojos y, sí... ahí seguía él, Jared, sonriendo.

"Ok..." Dije. Me sentía realmente emocionada ante la sorpresa, ¡muy alegre y, por supuesto, intrigada!, sin pensarlo mucho, le dije: "¡Siempre pensé que ibas a ser una niña!"

Después de decir eso, él ya no contestó nada más... nos quedamos en silencio, viéndonos y lejos de molestarse por mi comentario, solamente se rio mientras me veía de una forma traviesa. Nos miramos unos segundos más y él, con esa sonrisa juguetona y una seguridad difícil de explicar, simplemente desapareció.

Claro, él sonreía y guardó silencio porque sabía algo, que en ese momento yo no: él no llegaría a nacer, no llegaría yo dar a luz a un niño o a una niña, sin embargo no era prudente que me lo comunicara en ese momento, sólo me dio la alegría de conocerlo y saber su nombre. Y así como llegó, de repente, se fue ... su carita sonriéndome se esfumó y sólo me dio el gusto de llegar a conocerlo de esa manera.

Asombrada pegué un brinco de la cama y dije: "¡Creo que estoy embarazada!" En dos segundos ya estaba pegada a mi celular, por supuesto llena de curiosidad, quería saber ya que significaba el nombre "Jared" y, según Wikipedia, descubrí que es un nombre bíblico, en el libro del Génesis mencionan que era un patriarca, sexto en el linaje de las 10 generaciones entre Adán y Noé. Y que fue el padre del profeta Elías, (el que luego se consideraría como arcángel Metatrón). Por lo que en resumen, sería el padre del profeta Elías o de Metatrón.

Algo realmente sorprendente para mí fue que encontré en mi investigación que, de acuerdo con su etimología, Jared significa algo así como "el que desciende", como un enviado del cielo, porque en sus días simbólicamente se dice que "los ángeles del Señor descendieron a la Tierra".

¿Un ángel descendiendo a la Tierra? ¿Así o más lindo? Realmente me dejó asombrada ver el significado del nombre y su relación con los ángeles, también con un profeta como lo era Elías, incluso con la mítica relación con arcángel Metatrón. Parecería un nombre muy bien escogido ¡para quien fuera a ser mi hijo!, para una mujer que habla de ángeles y de arcángeles.

Sin duda, el mundo espiritual va siempre más adelantado que nosotros, siempre saben elegir mejor y con más certeza. Para quien está abierto a escuchar y darse cuenta de *su grandeza*, todos los días nos dan demostraciones que nos hacen sentir de nuevo humildes, ¡ni forma de pensar que yo lo hubiera hecho mejor! ¡Bendito seas Jared!

Días más tarde compré una prueba de embarazo para corroborarlo, y en efecto... ¡me había enterado primero por mi hijo que por la tecnología! ¡El embarazo era cierto y me lo había dicho mi hijo no nacido! ¡Wow! Sólo que como ya te lo había compartido, el 1 de enero de 2012 "perdí" a ese bebé, sé que él sabía con esa mirada traviesa que no lo conocería como yo pensaba en ese momento, hoy sé que su alma es libre y que por más breve que parezca nuestro encuentro, fue hermoso y que nunca se pierde una vida por no estar encarnada. Él se presentó ante mí como un niño, no como un bebé, cumplió su misión y el amor nos mantiene unidos. ¡Nada se pierde ante los ojos de Dios!

 ## MENSAJE DE ARCÁNGEL GABRIEL

"Amado, dotaciones infinitas de paciencia
es lo que te proveeré en el camino,
indispensable es que tomes descanso
y continúes sin juzgarte en tu andar.
Yo estoy aquí para ayudarte en tu nuevo renacer en conciencia.
Como hijo bendito de Dios que eres,
serás acompañado toda tu vida
y más allá de lo que puedes ver hoy.
Pronuncia mi nombre y acompañado estarás,
no dudes de las señales que recibirás en próximos días,
sabrás que a tu llamado respondiendo estoy."

Arcángel Gabriel te ayuda a:

- Recibir mensajes de tus ángeles.
- Aprender a escuchar.
- Aceptar mensajes del mundo espiritual.
- Desarrollar relaciones públicas para el beneficio de todos.
- Saber comunicarte con los demás.
- Expresar tus emociones sin explosividad.
- Saber sobre temas de infertilidad y el proceso del embarazo.
- Educar a tus hijos sabia y amorosamente.
- Comprender los regalos en tu misión de vida si no tienes hijos.

- Tener un excelente parto con un cuarto lleno de ángeles extras.
- Hablar con tu hijo no nacido aún.
- Incrementar la intuición en la mujer/hombre para guiarlos como madre o padre.
- Contactar con tu energía femenina, ya seas hombre o mujer.
- Inventar juegos para los niños.
- Terminar las distintas tareas sin pesar.
- Impulsar el trabajo de los escritores o de quienes desean serlo para que empiecen a escribir ensayos, artículos, libros, blogs o redactar correctamente hasta un correo electrónico.
- Diseñar y visualizar proyectos creativos hasta su realización.
- Llevar un diario para que te des cuenta de los mensajes angelicales.
- Guía a maestros.
- Enseñar cómo dar clases o explicar a otros tus ideas.
- Afinar tu parte creativa o artística.
- Prepararte en los estudios de psicología o ayudar a psicólogos.
- Traerte el mensaje que Padre Dios tiene para ti.
- Atender con bondad a los abuelos.

Color de aura:

- Interno: mamey, cobrizo.
- Externo: blanco.

Su energía:

- Muy neutral, suave y enfocada.

Ante su presencia puedes observar, tener o sentir las siguientes manifestaciones, símbolos o visiones:

- La trompeta, de la anunciación.
- Sueños o visiones de *Él* descendiendo con alas abiertas para entregarte un mensaje o un regalo.
- Imágenes de un cofre con regalos que de manera simbólica sea un mensaje para ti, para que los recibas o materialices.
- Imágenes de un bebé que llega.
- Te anuncia un embarazo
- Puedes ver de manera repetitiva una trompeta, símbolo de que quiere anunciarte un mensaje.

Sensaciones:

- Deseos –o la intuición– de empezar a escribir sobre un tema.
- Ganas de comunicarte por escrito para resolver un problema o inspirarte para comunicar una situación o tu amor.
- Incremento de tu instinto maternal.
- Ternura súbita.
- Facilita la conexión con las emociones y a expresar las necesidades de tu niño interior.

¿Cómo se manifiesta en la vida cotidiana?

- Notarás que te ayudará a sentir paciencia cuando se lo pidas.
- Te pueden empezar a preguntar si estas embarazada, estas personas son guiadas a hablar por *Él*, incluso les puede comunicar el sexo, si deseas saberlo.
- Empiezan a llamarte la atención temas de niños.
- Empiezas a atraer personas embarazadas, para empezar a rodearte de esa energía o bien porque a través de ti

podrás darles sabios consejos a otras mujeres o parejas, guiados por Arcángel Gabriel.

- Deseo de dedicarte a crear cosas para niños, manualidades, arreglos, a escribir cuentos para ellos u hojear libros relacionados con bebés.
- Guía a otros a que te inviten a dar clases en temas relacionados con tu misión de vida.

Palabras o frases que puedes escuchar:

- Acepta la creatividad que te traigo y ponla en acción.
- Vas a ser mamá.
- Enseña lo que sabes.
- Es sólo un problema de comunicación.
- La vida es un cuento por crear.
- Ten esperanza, todo va a estar bien.

Invocación:

"Querido arcángel Gabriel: tú que conoces mis más profundos deseos, mis talentos y mi vocación, muéstrame el camino correcto para esta decisión/situación: _____ (explica) pido amorosamente recibir la guía, la respuesta de Dios. Mi mayor deseo es el bienestar de todos los involucrados. Pido ser guiado con amor en cada decisión que se tome respecto a esta situación.

Así sea, así ya es.

Gracias por cuidarme y estar en mi vida, por tu amorosa guía, gracias arcángel Gabriel."

Para recibir sus mensajes facilita sentir a arcángel Gabriel con esta oración, repite en voz alta:

"Acepto los mensajes del mundo espiritual.
Acepto durante todo el día, todas las señales que me traerás.
Estoy abierto a todos los mensajes
y señales que me mandarás.
Tú que eres el Arcángel Mensajero,
estoy dispuesto a recibir y a dejarme guiar.
Gracias Arcángel Gabriel, ¡estoy en tus manos
y listo para empezar a recibir!
– Así sea, así ya es."

Razones por la cuales arcángel Gabriel puede estar contigo:

- Tienes la misión de enseñar a otros.
- Te está ayudando con la creación y realización de un proyecto personal.
- Un embarazo está cerca, el tuyo o de un ser querido.
- Guía a ser buenos padres y a saber guiar la misión de los hijos.
- Te ayuda a ser buen tío, tía, abuelos y a ayudar como un ángel terrenal.
- Trae armonía y energía suave a un hogar.
- Te ayuda a escribir y a continuar hasta terminar proyectos creativos.
- Te está ayudando a mantener la esperanza.
- Quiere ayudarte en tu relación con tus hijos, alumnos.
- Necesitas darte permiso para sentir la ternura y un trato gentil.
- Ayuda a conectarte con tu energía maternal, para ti o por un hijo.

Arcángel Haniel

El nombre de este arcángel proviene del hebreo y significa "Alegría de Dios" o "Gracia de Dios"; otros nombres por los cuales también se le conoce son: *Aniel, Hanael, Janiel, Jamiel.* Es uno de los siete arcángeles en el judaísmo tradicional. Dentro de su orden o "mapa de la creación" del Árbol de la Vida, ocupa la "séptima esfera" (*Sephirah Netsaj*), relacionada con "La Victoria sobre la Muerte", algunos creen que este Árbol de la Vida de la Cábala corresponde al Árbol de la Vida mencionado en la Biblia (Génesis 2,9). La derivación de su nombre, atribuyen, proviene del hebreo *hana'ah,* "alegría", "placer".

Este arcángel está vinculado con el aspecto femenino de Dios, con la esfera del sentimiento. Es un arcángel con una energía muy femenina y mística. A diferencia de arcángel Ariel, cuya energía es femenina, proactiva y poderosa, arcángel Haniel te recuerda que puedes ser muy femenina, suave, sutil y en eso radica tu inmenso poder: en la fuerza del misterio de la energía femenina (que se encuentra en hombres y mujeres). Es sumamente apacible y te enseña que puedes confiar totalmente en tu intuición.

Todas las mujeres u hombres con atracción hacia el estudio de la herbolaria, los tés, las infusiones, el uso de la medicina natural, la combinación de alimentos y plantas, o aquellas mujeres que parecen tener una intuición nata para ser madres, parteras... hombres o mujeres ginecólogos, maravillados por el milagro de la creación, de los embarazos y sus cambios, mujeres que parece que ya hubieran sido mamás por lo natural que se les da, ya sea biológicas o no, pero de forma normal cuidar a bebés que tienen a su alcance... ¡todos ellos tienen a su lado a arcángel Haniel!

Parece un hada hermosa y sonríe con tranquilidad. Puedes recibir imágenes de ella en sueños o en tus meditaciones y se muestra siempre en la naturaleza, en lugares donde hay cuerpos de agua, como un río, un lago o en bosques, y es para recordarte que todo lleva su cauce y sus tiempos perfectos. Nada se puede adelantar. Como en la naturaleza, hay tiempos para sembrar, hay tiempos de cuidados, de seguimiento, así como hay tiempos que naturalmente son para cosechar.

Te acompaña en todos tus procesos con mucha paciencia, te enseña a tenerla pues todo está sucediendo de acuerdo al Plan Divino, no hay razón para desesperar. Como si pudieras ver tu vida escrita en un libro, ella te puede ayudar a saber cosas del futuro que te angustian y después te recuerda la importancia de soltar el miedo y las expectativas. Si eres una persona aprehensiva su energía te tranquilizará, calmará tus nervios o tu ansiedad.

Está muy conectada con la imagen de la luna, la luz de la naturaleza, esa que deja entrever lo que no es obvio y pone un halo místico sutil, pero tan fuerte como la fuerza que mueve las mareas. Arcángel Ariel sería como el sol, una luz muy potente y directa, y arcángel Haniel sería la luz mística de la luna, no hay una mejor que otra, ambas son un complemento, alumbran a su manera. Por lo tanto, arcángel Haniel te recuerda tu parte mística, sutil y poderosa de mujer sabia, como a las que llamaron "brujas" por tenerles miedo a su sabiduría e intuición. Bastaba con saber leer para que esas mujeres fueran consideradas peligrosas en esos tiempos, pero la energía femenina (en hombres y mujeres) trae armonía donde se presenta, además de comprensión y un despertar.

Experiencia con arcángel Haniel: sanando alergias

Ese parecía ser un día como cualquier otro, pero había estado meditando mucho y preguntándome sobre cierta alergia rara que desde que recuerdo me ocasiona la arena de la playa. Siempre que la arena se quedaba en mi piel, por muy ligeramente que fuera, me ocasionaba un enrojecimiento fuerte y me daba mucha comezón donde ésta quedara. Ese día en particular, por la noche, me di cuenta de que tenía la temperatura alta, así que antes de acostarme pedí ayuda, como siempre, a mis ángeles, pedí que me mostraran porque mi cuerpo reaccionaba así.

Así que esa noche fui llevada a un sueño lúcido (explico ampliamente lo que es en mi libro *Una Vida con Ángeles*), pero contando un poco te diré que son esos sueños que se sienten muy reales y no como el descontrol azaroso que hay en un sueño común. En las imágenes que me mostraban en el "sueño" veía a "una mujer alada", ella me guiaba, iba volando a mi lado. Sabía que no pertenecía a esa realidad, sin embargo me parecía familiar, sabía que ya antes había estado ahí, veía muy claro cómo nos dirigíamos a las pirámides de Egipto, grandes e imponentes a la distancia.

En las imágenes íbamos volando fácilmente y sin esfuerzo hacia ellas, sólo que a medida que avanzábamos me di cuenta de que mi resistencia aumentaba, volteaba y le decía angustiada que no quería acercarme más, todo mi cuerpo parecía erizarse, quería detenerme. *Ella*, arcángel Haniel me pidió seguir para que comprendiera el porqué de mi resistencia y me explicaba que me ayudaría a sanar.

De cualquier manera me daba cuenta de que parecía como un imán atrayéndome a las pirámides, acepté seguir y a medida que avanzaba, mi aspecto cambió y ya no me veía como actualmente me veo. Me transformaba, mis ropajes cambiaban, veía mi rostro pintado, decorado, mi tono de piel se oscurecía y mi cabello era mucho más largo y negro. Me veía y sabía que aún era yo, pero en el sueño era como una sacerdotisa: emperatriz egipcia. Recordaba que yo había vivido ahí y tenía un gran interés por mi tiempo de vida en ese lugar, a medida que me conducía por las pirámides parecía disfrutar la historia de mi vida en esos tiempos, de manera natural parecía conocer, dominar muchos aspectos de la vida y la magia de ese lugar.

Pero también me daba cuenta de que mi cuerpo y mi intuición se mantenían alerta, no dejaba de tener miedo, estaba temerosa y a la defensiva sin aparente razón. Hasta que en mi "sueño" vi como dos guardias llegaron a tomarme de cada brazo y un ejército de hombres llegó al lugar. Me trasladaron al interior de la pirámide, a un cuarto, una cámara, la cual sería mi tumba, no me mataron, esa fue mi "tortura", sólo llenaron con arena ese lugar, de piso a techo, y ahí me dejaron abandonada, no hubo más comida, ni bebida, si abría la boca se llenaría de arena, todo se volvió arena.

Lo que comprendí es que mi cuerpo se quedó con una *impresión* grabada, esos pensamientos que nos acompañan generan *impresiones* al nivel del alma, la arena energéticamente, sensorialmente, representaba para mí asfixia, dolor, muerte y por lo tanto, mi cuerpo la rechazaba, y por eso al entrar en contacto con esa textura una vez más, le molestaba y me intentaba alejar de ella como un tipo de defensa.

Al ver que moría de esa manera y sentía en mí toneladas de arena, me "desperté", me di cuenta de que aún veía las imágenes con mis ojos abiertos, estaba sola en mi cuarto, era de madrugada y veía lo que me mostraban. Ahora observaba cómo me alejaba de esa imagen de las pirámides, mi cuerpo había quedado ahí pero yo partía… el cielo se tornaba negro para indicarme que ese periodo había terminado y veía cómo una tormenta de arena lo cubría todo. La mujer arcángel (arcángel Haniel) a mi lado, ante mi dolor me decía:

"Perdona, sólo tienes que perdonar."
"Perdona el dolor mental que tienes."
"Al ver esas imágenes, tanta arena, les diste un significado, dejó una impresión grande y fuerte en ti."
"Eres más poderosa que eso, sólo necesitas perdonar un pensamiento de dolor."

Me senté a orillas de mi cama, sorprendida, escuchando lo que me decía. Podía sentir la presencia del Amor guiándome y perdonando lo que "en otras vidas" quizá fuera una historia de dolor aún sin terminar.

Abrí mi boca y sin mucho pensar dejé que salieran palabras de perdón, mientras lo hacía sentí aún más poderosamente cómo me hacían ver que el perdón era *para mí*, no necesitaba temer más, era tiempo de subir mi frecuencia de esa manera, liberar el miedo, el efecto era la alergia a la arena, pero la causa era algo mucho más profundo, la herida que guardaba en mi mente. Había una parte de mí que aún permanecía a la defensiva sin saberlo, con la mezcla de dolor y de miedo, y eso era aún más importante. Me di cuenta de que lo realmente significativo era superar cada vez más esas capas de miedo y la desconfianza que eso traía. Ahí estaba de nuevo entregándome en manos de Dios, Él sabe siempre cómo traer lo que necesitas a través de sus mensajeros para que logres salir del dolor.

Hablando entre balbuceos pero con una gran consciencia, decidí perdonar todo el dolor y el miedo relacionado con esas imágenes; al hacerlo, sentí una gran liberación, el perdón libera y aunque el dolor puede tener capas y capas, podremos enfrentarlo con el perdón y aceptando totalmente al Amor, esa noche por fin una parte de mi descansó y regresó a la paz. Mi "alergia" a la arena nunca volvió a ser igual, al parecer se había mitigado o eliminado. Lo que cambia es el significado que le das, lo que cambia es que ya no estás a la defensiva, atemorizado, no necesitas defensas ante algo que ya has perdonado, has dejado de temer y por lo tanto ya no reaccionarás.

 ## MENSAJE DE ARCÁNGEL HANIEL

"Así como desde donde estás
no alcanzas a ver el otro lado de la Luna,
pídeme apoyo para ayudarte a ver
de la manera más amorosa posible,
todo lo que no alcanzas a ver de ti.
El ego nubla la visión de quien siente amenaza o temor,
mas a mi lado sentirás que vuelas
por encima de cualquier situación que te atemorice.
Te ofrezco mis alas santas
para elevarte por encima de cualquier situación
que angustie tu corazón.
Te abrazo en la Luz."

Arcángel Haniel te ayuda a:

- Balancear tu energía femenina.
- Sentirte como en la paz de la naturaleza.
- Regular tus ciclos hormonales.
- Regular o a entender tus ciclos menstruales.
- Descifrar intuiciones que no te hacen sentido.
- Relajarte, descansar sin estrés.
- Estar en calma si eres una persona nerviosa.
- Tener conocimientos de herbolaria, medicina natural.
- Crear remedios naturales.
- Tener conocimiento de piedras, cuarzos.
- Confiar totalmente en tu intuición.
- Tratar con ginecólogos, enfermeras.
- Que tengan buen desempeño parteras y madres primerizas.
- Superarse los masajistas, en sus estudios.
- Tener paciencia durante la espera.
- Que todo salga bien en partos naturales, a obtener buena información.
- Descifrar y entender los mensajes en tus sueños.
- Regular tus ciclos de sueño.

Color de aura:

- Interno: lila.
- Externo: luna, luz de luna.

Su energía:

- Muy femenina, mística, suave.

Ante su presencia puedes observar, tener o sentir las siguientes manifestaciones, símbolos o visiones:

- Se manifiesta con imágenes lunares, en particular la luna llena.
- Esmeraldas.
- Puedes llegar a ver imágenes de mujeres bailando alrededor de una fogata, te quiere recordar que no temas a tu propia sabiduría.
- Muestra visiones, imágenes de una mujer con alas en la naturaleza.
- Pueden llegar a ti imágenes de hierbas, ungüentos o remedios naturales.
- Imágenes de una mujer reflejada en el lago.
- Símbolo de la noche y sus ruidos que te armonizan.

Sensaciones:

- De libertad.
- De paz.
- De estar en la naturaleza.
- Olor a hierba fresca.
- Olor a bosque.
- De energía muy fémina y mística.

¿Cómo se manifiesta en la vida cotidiana?

- Mostrándote imágenes repetitivas de la luna.
- Acercándote libros de su materia para guiarte a su estudio.
- Con imágenes de mujeres aladas.
- Te da respuestas también mediante la naturaleza.

Palabras o frases que puedes escuchar:

- Sé quien quieres ser.
- Disfruta de ser mujer, de sentirte mujer.
- Hombres, recuerden su energía femenina, pídanle que la incremente y aumentarán su intuición de manera considerable.
- Eres un ser de sabiduría.
- Usa tu sabiduría, ya está en ti.
- Acepta la magia.
- Todas las respuestas las encuentras si observas en la naturaleza.

Invocación:

"Hermosa arcángel Haniel: te invoco pidiendo tu ayuda para equilibrar el poder de mi energía femenina. Ayúdame a dejarme guiar sabiamente por mis emociones y a confiar en la sabiduría de mi intuición, como la voz de Dios que me habla. Que todo el poder que he cedido regrese a mí ahora. Te pido me guíes hacia la salud y al amor total, para sentir mi poder personal que es el que proviene de Dios. Acepto el equilibrio, el balance y mi poder, aquí y ahora.

Así sea, así ya es.

Gracias querida arcángel Haniel."

Formas para facilitar sentir a arcángel Haniel:

- Es más fácil contactar con ella pasando tiempo en la naturaleza.
- Mediante el uso de esencias, perfumes... cierra tus ojos.
- Viene a ayudarte a sanar tu energía femenina mal entendida desde hace mucho tiempo, incluso desde vidas pasadas, puedes pedirle que te ayude a recordar y a sanar lo que parezca de otros tiempos.

- Estando alrededor de mujeres o personas de energía femenina.
- Meditando en la naturaleza.
- Visualizar, meditar, viendo la luna y pedir que te llene de su intuición.

Cuándo pedir su ayuda o razones por la cuales arcángel Haniel puede estar contigo:

- Para ayudarte a conectar con tus emociones de nuevo.
- Pídele cuando quieras sentirte súper seguro de tu intuición en un proceso.
- Te ayuda para conocer sobre remedios naturales o caseros.
- Para conectar con la naturaleza y su sabiduría.
- Para conectar con tu energía femenina y lograr balance en tu vida.
- Para ayudarte a regular tus ciclos femeninos.
- Para ayudarte con tus ciclos hormonales.
- Te está ayudando a conectar con sabiduría de mujeres cultas.
- Te está ayudando a que dejes de correr y aceptes una mayor paz.
- Desea mostrarte a qué eres alérgico.
- Desea ayudarte a sanar alergias.

Arcángel Jofiel

El nombre de este arcángel significa "Belleza de Dios". Es un arcángel con energía femenina y gentil. Arcángel Jofiel te recuerda
que toda interpretación de lo que ves, tiene su origen en tus
pensamientos. Por lo que él te ayuda a enfocarte en tener pensamientos positivos, de abundancia, belleza, salud, alegría, amor
y, en general, llenarte de pensamientos de paz.

Es muy importante recordar que no hay pensamientos
"buenos" ni "malos", pues en ellos también hay interpretación
y al no tener nuestra mente lo suficientemente entrenada ten-
demos a preocuparnos innecesariamente y juzgamos de antemano situaciones de las que no comprendemos su utilidad para
nuestro despertar espiritual.

Así que si a todo le vas a dar una interpretación, que mejor
que sea desde la más alta frecuencia y con la ayuda de arcángel
Jofiel logres darle prioridad a los pensamientos que provienen
desde la más alta Visión. Sin duda tomamos mejores decisiones
cuando estamos conectados con el amor y libres de cualquier
miedo, así obtendrás mejores resultados.

Muchas veces tu interpretación de las situaciones o de las personas es a lo que terminas dando más peso y a lo que concluyes llamando realidad. Entonces, arcángel Jofiel puede ayudarte a pensar conectado con la mente de Dios, a recordar tu conexión con lo Divino y desde esa fuente que emane libremente y fluya todo en tu vida.

Al ser un arcángel no tiene ego, como lo tienen los humanos, *Él* sí recuerda su unión total con Dios y por eso te ayuda a recordar tu unión, a notar tu belleza interior, a proyectarla, recrearla, así puedes ser más creativo en tu vida, ver opciones más abundantes y, por lo tanto, puedes ver belleza y ser paz también en el mundo.

La fuente de todo está en tu mente, arcángel Jofiel te ayuda a pensar en unión con la voluntad de Dios. En cambio cuando pensamos conectados al ego, siempre surgirá temor al futuro o podemos pensar que tal vez suceda algo en nuestra contra y que los demás tienen el poder de hacernos daño, pero esto no es así. Al empezar a vibrar en miedo, te conectarás con la frecuencia más baja, recuerda: el miedo es la frecuencia contraria al amor.

En cambio desde el amor todo es posible y la función de este arcángel es ayudarte a crear tu vida desde el amor total, incondicional. Desde la fuente divina inagotable, *Él* te trae pensamientos que te inspiran para que logres imaginar y visualizar desde la visón más alta tu vida. Es una función realmente hermosa la de este arcángel. *Él* te recuerda:

"Por qué ceder tu poder, cuando Dios te recuerda
que mereces todo,
recuerda, lo importante no es la forma que adoptes,
sino el contenido, ahí está Dios."

Puedes aferrarte a que tu vida tome una forma determinada o un resultado esperado, Él te recuerda que lo importante no son las formas, sino tener paz en tu ser. Si tu objetivo es la paz, aceptarás que las formas no traigan los resultados esperados, pero caminas en la Tierra con la certeza de que cuidan de ti. Así puedes renunciar a las formas, porque mantienes en tu mente el objetivo realmente importante: tu paz. Arcángel Jofiel te ayuda a disfrutar ese camino. Te llena de pensamientos donde cubren tu alma con aceptación y confianza para que aprendas a vivir con júbilo. Tu ejemplo de felicidad traerá paz a otros y así extenderás la paz de Dios.

Cuando creas que hay problemas que no tendrán solución o incluso si algo ya "se perdió", éste arcángel te ayudará a mantenerte positivo y ver las bendiciones que hay en el proceso. La belleza toma muchas formas y colores, él te enseñará a ver, sentir y llevar *una vida bella*.

Si tienes problemas en ver la *belleza* en las personas, como su capacidad para hacer cosas buenas; si eres perfeccionista y ves fácilmente los errores en los demás, si te cuesta trabajo delegar por esta razón; si eres experto en ver puntos negros, si te cuesta trabajo confiar en los demás o simplemente tu autoestima no es tan fuerte para sentirte o verte realmente hermosa, pide ayuda a este arcángel, te apoyará para mejorar tu imagen personal y a ver a las personas de otra manera. Recuerda: no es la forma, es el contenido; la paz y tu felicidad es lo crucial.

¡Así que si necesitas ayuda en acontecimientos importantes –bodas, planeación de eventos–, si deseas volverte un decorador profesional, ser un artista, redecorar tu casa, embellecerte, ser maquillista, cosmetólogo, o sólo si quieres ¡verte guapísima!, mejorar la imagen que tienes de ti, en todo eso, por supuesto querrás llamarle a arcángel Jofiel, ¡hazlo!

Experiencia con arcángel Jofiel: ¡Embellece con una oración y será una petición!

Ahí te va una facilita para que aprendas a pedirle a éste arcángel facilitador desde las cosas más útiles y sencillas hasta las más complicadas. Es maravilloso Jofiel para trabajar con él, en cualquier área que implique diseño: diseño personal, de tus oficinas, edificios, de tu casa (¡ponla bonita!), diseño de proyectos, de tu show, etcétera. En una ocasión, mientras me encontraba trabajando en la creación y diseño de un diplomado con el fin de certificar a personas que desearan formarse como terapeutas con ángeles, arcángel Jofiel me sorprendió gratamente cuando le pedí su ayuda.

Llevaba largas horas trabajando en el contenido de la certificación, pero era tiempo de empezar mi presentación en un programa que aún no dominaba. Solicité ayuda a arcángel Jofiel para embellecer mi presentación y me dejé guiar totalmente por mi intuición, me di cuenta de que los botones que apretaba y los diseños que elegía se debían a que estaba siendo totalmente guiada, en lugar de que eso terminara como un experimento desastroso, hasta yo terminé contenta con el resultado.

Lo más sorprendente fue que las figuras y los colores que había escogido, al hacer cierto movimiento "sin querer" ¡quedaron espectacularmente bien! Me sorprendí diciéndome: "¡Wow, cómo rayos hice eso!" Al abrir nuevamente el archivo los colores habían cambiado y tenía una mucho mejor presentación respecto a la idea con la que inicié. El trabajo lucía mucho más profesional y armónico. Todo es más fácil cuando pides su ayuda. ¡Ni tú podrás ponerle un pero y te sentirás muy muy guiado!

Estaba sorprendida con el cambio, drástico y hermoso. Muchas veces dudamos del poder que tienen para actuar en nuestra vida, pero *Ellos* han venido a recordarte, poco es lo que pides y grandioso es el poder de Dios.

 ## MENSAJE DE ARCÁNGEL JOFIEL

"La belleza está en la mente de quien observa,
en cada uno de tus pensamientos, por eso trabajo con ellos.
Tu inminente belleza es reflejo de la inminente belleza de Dios.
Yo te ayudo a ver belleza a tu alrededor y en ti.
Cierra tus ojos un instante y piensa:
¿Cómo te sentirías si no tuvieras
un solo juicio de ti o hacia los demás?
Eso es la verdadera libertad.
Pide mi ayuda, eso mismo es el paraíso,
te estoy ayudando a llegar ahí."

Te ayuda a:

- Llenarte de pensamientos inspirados por Dios.
- Pensar positivo, desde la abundancia y el amor.
- Ver belleza donde te cuesta trabajo.
- Ver lo bueno dentro de los inminentes puntos negros que miras.
- Crecer en autoestima.
- Delegar de manera correcta.
- Inspirar a decoradores.
- Mejorar el trabajo de maquillistas, cosmetólogos, expertos en belleza.
- Perfeccionar la alta perfumería.
- Arreglar tu casa o tu oficina.
- Elegir tu guardarropa.
- Sentirte bella y segura.

- Embellecer bodas, fiestas.
- Planear y organizar eventos.
- Considerado como el patrono de los artistas

Color de aura:
- Interno: fiusha.
- Externo: morado claro.

Su energía:
- Femenina, detallista, alegre, movido.

Ante su presencia puedes observar, tener o sentir las siguientes manifestaciones, símbolos o visiones:
- Usa Espejos. Espejos de mano. La Imagen del espejo es para recordarte que la belleza ya es en ti, pon atención a tus pensamientos. Ahí permites la belleza, el gozo o la carencia y la tristeza.
- Visiones de paisajes hermosos que te transporten.
- Te trae imágenes de lo que pueda inspirarte en tu trabajo.
- Sensaciones de alegría, de paz.
- Te hace sentir que todo está bien.

¿Cómo se manifiesta en la vida cotidiana?
- Dejando flores a tu paso.
- Te guía con imágenes bellas de diseño que te inspiren.
- Puede llevar tu atención a los espejos que lleguen en tus sueños o visualizaciones.

Frases que puedes escuchar:
- Todo va a estar bien.
- Eres bella.

- Es hermoso.
- Tú eres reflejo de Dios.

Invocación:
"Querido recuérdame el camino a la armonía interior, el camino a vivir en el reino de Dios. Que todo encuentre el sendero más armónico y bello en mi vida, ayúdame en cada uno de los caminos que comienzo para que resulten en la mayor plenitud y amor. En nombre de la belleza de Dios, pido su bendición para este proyecto _____ (explica) o situación.
　　Así sea, así ya es.
　　Gracias, acepto aquí y ahora."

Formas para facilitar sentir a arcángel Jofiel:
- Decide cambiar la imagen que tienes de ti y pídele ayuda.
- Obsérvate frente a un espejo, sonríe y pide su ayuda con lo que no te guste o encante de ti. Atraerá los pensamientos adecuados y además te ayudará a encontrar a la persona ideal en la tierra para ayudarte. Mantente atento a sus señales ¡prepárate para un cambio radical si así lo pides!
- Toma papel en blanco y dibuja o escribe lo que traiga a ti.

Razones por las cuales arcángel Jofiel puede estar contigo:
- Necesitas un cambio de look.
- No alcanzas a "verte" con las actitudes que te boicotean.
- Te ayuda a "recuperar tu cuerpo".
- Visualiza un "plan de rescate de ti".
- Te está ayudando con tus proyectos creativos.
- Es momento de ya no ver "puntos negros" y dedicar más tiempo a pensar en positivo.

- No estás disfrutando al máximo tu vida.
- Para que incrementes el saber fluir y gozar.
- Te está recordando vivir en un lugar que resulte bello y ordenado.
- Te recuerda atender tu espacio de trabajo para que sea armónico.
- Empieza esos trabajos artísticos o de belleza que has postergado.

Arcángel Jeremiel

Estás a punto de conocer a Arcángel Jeremiel, también conocido como: *Remiel*, que en hebreo significa: "Trueno de Dios", otros nombres por los que se le conce son: *Ramiel, Yeremiel, Jerameel* y *Hieremihel*. Jeremiel significa: "Misericordia de Dios" para obtener amor, misericordia, compasión y es uno de los 7 arcángeles listados en el *Libro de Enoc* como el "encargado de los resucitados" (20:8).

¿Te ha pasado que juras haber sentido o vivido algo con anterioridad, aunque no entiendas cómo? Algo así como escucharte decir: "¿Que esto no ya lo viví?" "¿Esto ya lo había pasado?" "¿Será un déjà vu?" ¿O has tenido la sensación de reconocer, sentir amor, querer o tener mucha empatía con personas que aunque acabas de conocer, sientes con ellos mucha confianza y un cariño especial? ¿Te ha pasado que conoces a personas que podrías decir: siento como si ya la conocía como pareja, siento que ya ha sido mi hijo antes o un gran amigo de una vida pasada"?

O al contrario, pueden ser malas relaciones pero incluso de miembros de tu familia o gente cercana: jefes, novios, esposos...

y decir "esta relación sólo sirve para enfrentar lo que teníamos que vivir" bajo la forma amor-odio especial.

Arcángel Jeremiel te ayuda a descifrar todo esto que parecen preguntas sin respuesta. Te ofrece el poder de recapitular y obtener información del porqué te "reencuentras con estas personas" para entender situaciones que te dan la percepción que ya viviste. Comprender la bendición escondida detrás de estos encuentros, es algo en lo que te brinda ayuda arcángel Jeremiel.

No es necesario que creas en vidas pasadas para que *Él* te revele información sobre estos encuentros, pues al final todo tiene una razón y trae una bendición para ti, sin excepción. Debes saber que todas las personas que conoces ya estaban destinadas en tu camino, sí, ningún encuentro es casual.

Arcángel Jeremiel también te ayuda si necesitas recapitular no sólo de vidas pasadas, sino acerca de experiencias vividas en los últimos meses, años o a lo largo de tu vida y no alcanzas a comprender los "para qué" de algunas situaciones o los ¿por qué no funciona?, ¿por qué no salió como esperaba?...

Muchas veces las lecciones que has pedido, aunque hoy no lo recuerdes, las elegiste antes de que te pensaras en un cuerpo, esas lecciones las repites una y otra vez con distintas personas, las cuales atraes para practicarlas de otra manera, hasta comprender la causa, las bendiciones escondidas, entonces ya no causan dolor, porque logras llevarlas al perdón. Y cuando lo hayas hecho, entendiendo que no has perdido nada y nada puede perderse, ya no será necesario repetir la experiencia terrenal.

A estas personas ya las conoces, hicieron acuerdos perfectos, contratos del alma para encontrarse de nuevo y entender juntos lo que quedó inconcluso, lo que pidieron vivir de nuevo, hasta "hacerlo bien". A las personas que más amas y más odias son con las que "regresas" y te vuelves a encontrar. Ha quedado una historia inconclusa y nada se termina hasta quedar completamente libre de juicios y se ha comprendido la bendición en tu vida, esas personas que más odiaste, aunque es difícil de aceptar, también te ayudaron en tu misión de vida, "ayudan" a través de la inconsciencia en un comienzo, pero *en el perfecto plan todos crecen.*

Los que tú llamas enemigos u amigos, todos vienen a crecer contigo, cada uno a su ritmo. Sólo que en ocasiones esa historia se repetirá de una u otra manera, con las mismas personas u otros personajes, hasta que actúes con la mayor honestidad, respeto y amor... libre de culpas y de juicios. Hasta que se comprenda la enseñanza. Sí, liberando la culpa, cuando te sientas capaz de poner los límites y ya no te encarcele el considerar que alguien te robó, te quitó, te lastimó... todas esas expresiones indican que no has terminado de comprender, de aprender o apreciar la bendición escondida y aún te entregas al dolor, cediendo tú poder personal.

Experiencia con arcángel Jeremiel: sanando los golpes de la vida

De mis experiencias personales y las regresiones a vidas pasadas que he realizado como parte de las terapias de sanación con ángeles, elegí compartirte esta historia que recuerdo con mucho cariño y para que te des una idea ¡del poder de los arcángeles!

Paula es una jovencita que llegó pidiendo ayuda a sus ángeles, asistió a mi consultorio para exponer su hartazgo, me dijo que le enojaban los hombres y quería entender por qué no encontraba una buena pareja.

Procedí a pedir ayuda a sus ángeles de la guarda y los arcángeles que la acompañaban y de inmediato arcángel Jeremiel empezó a traerme imágenes que no correspondían a la imagen de la joven mujer que tenía enfrente. De esta manera me hacían saber que la respuesta no la encontraría en los recuerdos de esta vida, la causa era mucho más profunda y antigua de lo que hoy ella podía recordar.

Pasamos a la camilla y comencé a guiarla de la manera que me han enseñado los ángeles, ella se relajó y fuimos repasando varios momentos de enojo relacionados con sus ex parejas y con los hombres que había salido de manera general. El enojo era evidente, hasta que llegamos al punto donde por su disposición y su libre albedrío arcángel Jeremiel trajo recuerdos que ya no parecían coincidir con algo que ella hubiera vivido en esta vida.

Arcángel Jeremiel me mostraba las mismas imágenes que le mostraba a ella en su mente. Al ver lo mismo, era mucho más fácil entenderla y guiarla para que relatara lo que llegaba a ella en forma de recuerdos. En un momento Paula comentó que se veía tirada en el piso, y se detuvo, era como si no quisiera continuar viendo. Siempre hay resistencia de nuestra parte cuando tocamos momentos dolorosos de comprender. Entonces me dijo: "Creo que ya no veo nada más."

Yo veía a un hombre parado a lado de ella, vestido con traje sastre, aunque no traía saco y se veía claramente molesto, él la estaba golpeando sin parar, así comprendí por qué no quería ver más. La animé suavemente a seguir viendo a su alrededor, hasta que aceptó ver unos zapatos de hombre, lo que describía coincidía perfectamente con la vestimenta que se me había mostrado. Cuando empezó a abrirse para ver más comenzó a gritar desesperada, temerosa, explicando que la estaba golpeando muy fuerte, ella había caído al suelo y sólo recibía golpes e insultos uno tras otro.

Continuó relatando la escena con muchos detalles de violencia hacia ella, hasta el momento en que me dijo: "Ahora sólo veo todo negro, no puedo ver más, siento que estoy dejando mi cuerpo." La calmé con mi voz y le expliqué que había recibido un golpe muy fuerte en la cabeza, ella se dio cuenta, lo afirmó y me dijo: "Sí, me veo en el suelo y veo mi sangre." Le dije que no tuviera miedo y seguí con el procedimiento para ayudar con la sanación con ayuda de sus ángeles, la idea era que volviera a sentirse bien, en su cuerpo y en tiempo presente. Cerré el proceso y terminamos la sanación con ayuda de sus ángeles.

Dejamos la camilla, y regresamos a comentar cómo se sentía y qué pensaba al respecto. ¡Estaba impresionada! Me dijo: "¡Ahora comprendo esa sensación respecto a los hombres!" ¡Era esa la sensación!

En realidad detrás de ese gran enojo, también había un profundo miedo a relacionarse con un hombre, pues aunque lógicamente no tuviera sentido, dentro de las impresiones de su alma, en su inconsciente ella relacionaba a los hombres con dolor, enojo, traición, seres indignos de confianza, le disparaba su instinto de sobrevivencia, incluso relacionaba la vida en pareja con la misma muerte.

Así, ¿qué relación iba a funcionar? Encontraba cualquier pretexto para no ver buena ninguna relación y atraía hombres que sólo le reforzaban la idea de que los hombres no eran dignos de su amor y confianza. Afortunadamente con la ayuda de arcángel Jeremiel ahora conocía la causa y logramos hacer un nuevo contrato de vida y quitar esas sensaciones y emociones dañinas.

Por si fuera poco, ella también me mencionó como parte de su reflexión, ¡que ella desde bebé había tenido siempre fuertes dolores de cabeza, migrañas!, y que aunque su madre la había llevado con pediatras y doctores, no era algo de lo que hubiera sanado. ¡Pues desde ese día también comprendió de dónde venían esas migrañas tan fuertes, logró al fin perdonar a su agresor y sanar! Recuerda que una vez que te muestran la causa verdadera, no habrá razón para el enojo, y el ego sentirá que algo le falta, ahora no tiene una razón para odiar y está acostumbrado a temer a juzgar, así que continúa con el trabajo personal para mantenerte libre de los enganches del ego. Recuerda "el amor es lo único real" Jesús, en *Un Curso de Milagros*.

 ## MENSAJE DE ARCÁNGEL JEREMIEL

"La vida a veces puedes verla como un laberinto.
A veces no sabes cómo dirigirte para encontrar la salida.
No sabes medir cuándo ocurrirá el siguiente giro
en el andar de la vida,
pero no estás hecho para vivir en incertidumbre ni en el temor.
Sal de ese laberinto del ego,
pídeme que eleve tu perspectiva a la del Amor,
así podrás ver por encima de ese laberinto.
No hay un solo problema
que al ser a visto desde la perspectiva correcta,
te pueda causar dolor.
Hoy pídeme que te ayude a ver desde lo Alto, ahí está Dios."

Arcángel Jeremiel te ayuda a:

- Saber recapitular, reflexionar y comprender una situación sin resolver.
- Entender si una enfermedad o situación tiene su origen en una experiencia de vida pasada.
- Entender el origen de enfermedades y sanarlas.
- Entender el origen de ciertas fobias y sanarlas.
- Dar señales para saber si este amor es de esta vida.

- Recapitular en lo que has vivido últimamente para entender qué práctica espiritual necesitas hacer.
- Resolver conflictos con personas con las que hiciste un contrato de vida.
- Comprender los mensajes que te transmiten en tus sueños.
- Mirar atrás y decidir sanar, ahí donde se requiere el perdón.

Color de aura:
- Interno: morado oscuro.
- Externo: blanco azulado.

Su energía:
- Masculina, puntual, detallado.

Ante su presencia puedes observar, tener o sentir las siguientes manifestaciones, símbolos o visiones:
- Ver la recapitulación de tu vida hacia atrás o un recuento hacia delante.
- Ver imágenes como de una película proyectando tu vida.
- Ver un túnel al final de tu vida.

Sensaciones:
- De que este amor o situación no es de esta vida.
- De estar fuera de la realidad de ese momento, como si el tiempo no existiera.

¿Cómo se manifiesta en la vida cotidiana?
- Con imágenes espontáneas de vidas pasadas.
- Mostrándote imágenes de un torbellino girando en espiral, la espiral de la consciencia.

- Viendo la frase déjà vu, constantemente o escuchando al respecto.
- Te guía para hacer o estudiar acerca de regresiones a vidas pasadas.

Palabras o frases que puedes escuchar:

- Recapitula y libera.
- Se conocen de vidas pasadas.
- Este amor se extiende por vidas.

Invocación:

"Estimado Arcángel Jeremiel: pido tu ayuda para recibir todas las señales que necesito a fin de guiar mis actos, mis decisiones y comprender la situación en la que me encuentro (explica la situación): _____.

Pido que esta situación sea llevada al entendimiento y a la abundancia de Dios. Que todos los recursos que necesito sean traídos a mí con el fin de llegar a una perfecta resolución. Ayúdame a sanar cualquier situación del pasado, saber recapitular y sanar el dolor desde su verdadero origen.

Doy gracias.

Así sea, así ya es."

Formas para facilitar sentir a arcángel Jeremiel:

- Visualiza un laberinto, llámalo para salir de él, así te encontrarás con tu vida, él te mostrará la solución desde la visión más alta.
- Cierra tus ojos, pídele una recapitulación de tu vida y que te guíe a dar el siguiente paso hacia la dirección adecuada.

- Pregunta en voz alta antes de dormir y pide que traiga a tus sueños las respuestas necesarias para sanar relaciones con las que has hecho contratos del alma.

Cuándo pedir su ayuda o razones por la cuales arcángel Jeremiel puede estar contigo:

- Si vives una experiencia repetitiva con una persona que conoces de vidas pasadas y es importante cerrar con paz.
- Cuando deseas quitar la carga energética a una fobia o a un miedo constante.
- Para comprender por qué una situación te atemoriza o estresa tanto sin aparente razón.
- Puede estar contigo para recordarte que es momento de valorar una situación repetitiva donde no has sabido elegir lo mejor para ti.
- Te ayuda a comprender la misión de vida que elegiste con ciertas personas.
- Para entender por qué elegiste a tus padres, sus enseñanzas y bendiciones.
- A buscar el amor que trasciende vidas.

Arcángel Metatrón

Ahora conocerás a arcángel Metatrón, un arcángel enigmático y poderoso. De acuerdo con el mito hebreo, Henoc (Enoc) es convertido en el ángel ayudante y consejero de Yahveh. El nombre de Metatrón proviene del hebreo y significa "Cercano al trono", es uno de los dos arcángeles cuyo nombre no termina en *"el"* que significa *"de Dios"*, es el mismo caso de una diferente terminación como arcángel Sandalfón. Según el Genesis de la Biblia, Henoc "era un hombre justo, que caminó con Yahveh, vivió 365 años (de acuerdo al calendario lunar) y desapareció porque Yahveh lo llevó sin que muriera." Con esto se quiere decir que no experimentó dolor alguno y lo llevó a su lado para que de otra forma siguiera ayudando.

Sabemos que hay muchos relatos superlativos y simbolismos en la manera que se escribía, pero lo importante es resaltar, cuando hablamos de ángeles y arcángeles, que ellos son de origen divino, son *de Dios*, sin ego y sin limitación alguna.

Metatrón es un arcángel servicial, enfocado, te invito a que lo conozcas por sus dones. Recuerda que los ángeles y arcángeles no son exclusivos particularmente de una religión o filosofía, tampoco atienden sólo a los humanos de una religión en particular, ellos son amor puro, listos para darlo a quienes los invoquen, y nos ayudan a cambiar desde nuestros pensamientos la realidad que vas creando.

Metatrón es un arcángel que ayuda mucho con el manejo del tiempo, con la comprensión del mismo y nos auxilia a entender que el tiempo no es un recurso limitado, como a veces creemos. En el tiempo vivimos las experiencias necesarias para despertar. Si el tiempo se utiliza sabiamente, entonces es usado para perdonar cualquier error por el que sufrimos. Pide que el error sea corregido y sustituido por la Verdad, entonces acortarás el tiempo de tu aprendizaje hasta que un día realmente quieras la paz.

Además arcángel Metatrón te ayuda para la comprensión del estudio de la lógica y las matemáticas, a hacer cálculos, estimaciones, cotizaciones y todo lo relacionado con números. Así como Galileo Galilei dijo: "Las matemáticas son el alfabeto con el cual Dios ha escrito el universo", así arcángel Metatrón te enseña a comprender las infinitas utilidades de los números en tu vida y cómo sentirte capaz de usarlos sin miedo a equivocarte.

También te ayuda a recordar números importantes, como fechas, teléfonos, placas, para sacar presupuestos, estimar cifras para negociar (mismas que puede comunicarte), ayudar a tus hijos a aprender las tablas de multiplicar, elaborar o recordar contraseñas, o simplemente ayudarte a recordar los números que tú le digas que son importantes para ti. Puede ayudarte en los estudios y en la comprensión de cualquier materia que tenga que ver con números, como la astrología, la geometría, sobre la geometría sagrada, todo eso es su territorio.

Tiene buen sentido del humor, le encanta enseñar con el ejemplo y a través de situaciones más que con largas explicaciones, él te da ejemplos y te pone en el camino para que vivas las situaciones que te traerán la comprensión, es muy vivencial. A diferencia de arcángel Uriel, que puede tomar todo el tiempo necesario en la explicación y hacerlo con palitos y bolitas, es decir, paso a paso, como si estuvieras frente al pizarrón, con indicaciones y explicaciones precisas. Uriel arcángel es excelente si eres maestro y deseas guiar a otros. Ahora que, ¡si le pides ayuda a los dos! encontrarás sin duda todo lo que necesitas entender ¡y más!

Experiencia con arcángel Metatrón: ¡Por favor, detén el tiempo!

Antes de dedicarme de tiempo completo a dar conferencias acerca del crecimiento de la consciencia, el mundo energético y el mundo de los ángeles, tenía lo que llamo "mi trabajo corporativo" (te platiqué en mi anterior libro, *Una Vida con Ángeles*, al respecto y cómo es que la vida "me empujó" para hacer una transición y dedicarme de lleno al mundo espiritual). Trabajé en distintas empresas, y en una ocasión había que organizar una presentación con muy poco tiempo para una empresa de ingeniería. Yo estaba a cargo de la parte administrativa y tenía que preparar información de la empresa para entregarse a cada participante en la reunión.

Una vez seleccionada y armada la información, decidí trasladarme a una gran tienda con su respectivo centro de copiado, pues tenían que sacarse muchas copias de esta información y organizarlas. Pedí poco más de 20 juegos, era lo que necesitaba, un día antes de la reunión, con el fin de anticiparme y tener todo listo en tiempo. El joven del mostrador me contestó que en ese momento tenían mucho trabajo pero que podía dejarle mis documentos y me las tendría listas temprano al otro día. Me pareció razonable, sin embargo... lo dudé por estar muy apretados los tiempos. Él me aseguró que tendría tiempo de sobra, pues mis copias estarían listas, sólo pasaría por los juegos armados y me podría ir de inmediato. Ante la insistencia y luego de ver una larga fila de espera, accedí y regresé a la hora acordada el día siguiente, lo cual, tic-toc, era una hora y media antes de mi reunión.

Cuando llegué al mostrador, el joven no estaba y pregunté por mi pedido. Imaginen mi sorpresa ante lo siguiente: el nuevo muchacho que me atendía, después de hacerme esperar y esperar, me preguntó: "Buenos días, ¿cuál es el problema? ¿qué necesita?" Le dije impaciente: "¡Necesito mis copias para llegar a tiempo!" El joven, con algo de culpa al fin me confesó que se le habían caído las hojas al otro muchacho cuando se disponía a sacarlas, que no sabían el orden y por lo tanto no habían sacado las copias, necesitaban verme para que se los indicara. Correcto: ¡Faltaba hacer todo el trabajo!

¡Dios santo! Confieso que en ese momento pensé: "¡Ya perdí mi trabajo!" (Lo cual no era posible, pero así nos maltrata el ego.) Sentí todo el estrés encima y le pedí que ¡cuanto antes comenzara a sacar las copias! Así lo hicieron y mi angustia crecía a medida que veía mi reloj, de pronto... una mujer a mis espaldas me tocó en el hombro y sólo me dijo en voz baja: "Recuerda que los tiempos de Dios son perfectos."

Por un segundo me sentí fuera del tiempo y me quedé totalmente sacada de contexto, extrañada, centré de nuevo mi atención a lo que me preguntaba el chico por un segundo, y regresé mi mirada para contestar a la mujer. Pero ella ¡ya no estaba ahí!, la busqué rápidamente con la mirada y la vi salir por la puerta. Recuerdo haberme preguntado: "¿Cómo llegó tan rápido hasta allá? ¡Sólo me había volteado unos segundos!

Inhalé y exhalé, cerré mis ojos y con toda intención repetí esa frase que conocía tan bien: "Sí, los tiempos de Dios son perfectos", acepté, "me resigné", y fue justo cuando llegó el chico para decirme que tenía mis juegos de copias completos: "Lo hicimos entre varios, está listo y le ofrecemos una disculpa." ¡Wow! Cuando sueltas tu presión interna, te abres a los milagros, cuando perdonas tu idea, te abres al orden y al amor perfectos.

Ahora, siguiente tarea, miré el reloj y faltaban veinte minutos para la reunión y aún tenía que recorrer un buen tramo, lo que regularmente se llevaría una hora de trayecto, ahora tenía que hacerlo en 20 minutos.

Salí corriendo al estacionamiento y mientras manejaba veía a cada rato el reloj en el tablero, prácticamente ¡cada 3 minutos o menos!, esperando que el tiempo me alcanzara, ¡uuuufff!, y sí... mi angustia crecía. Tener un exceso de estrés ante una situación no es necesariamente malo —recuerda, no hay malo ni bueno–, depende de nosotros. ¿Por qué llegamos a esos picos emocionales? Piensa que estas situaciones que nos llevan al máximo pueden servir para estar abiertos a escuchar a otros, o al mundo espiritual. A veces hasta que se rebasan ciertos límites, es cuando estás dispuesto a escuchar. Hay ocasiones en las que estarás dispuesto a oírlos más fácilmente en tu vida diaria, y en otras, en las que alcanzas altos y constantes niveles de estrés o tocamos un profundo dolor, tocamos fondo, es cuando decidimos hacer las cosas de distinta manera.

Regresando al coche y a ese punto de estrés en el que me encontraba... ¡Ahí fue cuando sucedió! Ahí escuché una voz en mi mente, que claramente me dijo: "No veas más el reloj. No estás en ese tiempo."

Me extrañó, pero me tranquilizó de inmediato. La voz parecía tan calmada y segura que ahora me parecía una completa locura de mi parte medir mi vida por los números que ahí aparecían y que llamamos tiempo.

Me relajé ante el mensaje escuchado y decidí confiar, obedecí la indicación y decidí no mirar más el reloj por más tentador que fuera. Cuando llegué al edificio y terminé de estacionarme, ahora sí miré el reloj... obvio, ahora ¡estaba estupefacta! ¡Era la hora a la que tenía que estar! Ni un minuto más ni un minuto menos, había cruzado la ciudad en veinte minutos cuando por lo general programo una hora para ese recorrido, pensando en el tráfico, pero *Ellos* conocen el camino que has de transitar y en efecto, todo estuvo perfectamente despejado y con todas las luces en verde que necesitaba. ¿¿¿Podía ser coincidencia??? Sabía perfecto que no.

Ahora pensé, ok, falta que llegues al salón y ojalá no hayan comenzado. Aceleré el paso hacia el registro del edificio y esta vez el mensaje llegó sólo a través de transmitirme de nuevo esa sensación de calma. Estaba *su* presencia a mi lado, y repetía el pensamiento: "¿Por qué corres?"

Otra vez sentí como si fuera absurdo correr, me sentía observada, ¡como dentro de un experimento! Cuando llegué a registrarme, le indiqué a la persona de la caseta de vigilancia la empresa a la que iba y pregunté por el salón de la presentación para ir hacia allá. ¡Por supuesto, la gran sorpresa fue lo que me contestó! Me dijo: "Ah sí, estoy informado pero no es en este edificio." ¿¡Pero cómo!? Todo iba tan bien ¿y me equivoqué de edificio? Agregó: "Sí, mire, le ofrezco una disculpa por su tiempo, pero por alguna razón hubo un error y la sala que estaba destinada para su presentación fue bloqueada también para otra junta, por lo que están preparando otro salón en el edificio de aquí enfrente. Les acaban de avisar también a los ingenieros, así que tomará un poco de tiempo en lo que se trasladan para allá, pero si gusta puede esperar allá, le ofrezco una disculpa por el tiempo de demora..." ¡¿Es en serio?! ¡Ahora hasta tenía tiempo para estar afuera, cruzar la calle sin prisa y sin haber "perdido" mi tiempo por entrar a un edificio que no era el indicado sólo porque movieron la presentación a otro lado... ¡Wow! Realmente *Ellos* saben lo que hacen. Así que fui la primera en llegar al salón, incluso antes que mi jefe y tenía cada uno de los juegos de copias listo y en mis manos para ser entregados... "justo en tiempo."

La mujer en la tienda había sido el primer contacto angelical, el mensaje había sido entregado y el mundo espiritual, los arcángeles y los ángeles también pueden influir en las personas para que te digan lo que necesitas escuchar y ayudarte en determinadas situaciones. *Ellos* estarán ahí para ti y se manifestarán cuando se requiera.

Ahora recuerda: nada puede ser adelantado, nada puede ser retrasado, nunca vas tarde, caminas en el tiempo perfecto de Dios, no en el de la Tierra, el de Dios siempre es a tu favor, quien llega a tu vida lo hará en el tiempo acordado, quien aparenta irse, lo hará en el tiempo que es adecuado. Ni una sola inhalación habrá de más, ni una sola... de menos. ¡Los tiempos de Dios son perfectos!

 ## MENSAJE DE ARCÁNGEL METATRÓN

"No eres medido en el tiempo, tu grandeza no dura una vida,
acércate a mí y te enseñaré a dominarlo.
Tú eres libre sin medida,
Dios te dio el regalo de ser un alma eterna a su lado.
Eres en unión con Él un ser eterno."

Te ayuda a:

- Llegar en tiempo.
- Ser puntual.
- Entender conceptos del tiempo y a extenderlo.

- Recordar que los tiempos de Dios son perfectos.
- Hacer cotizaciones y presupuestos.
- Aprender, disfrutar las matemáticas y realizar cálculos.
- Recordar fechas, placas, números telefónicos, contraseñas.
- Saber ahorrar.
- Aprender y realizar estudios de geometría, geometría sagrada.
- Saber de astrología.
- Elaborar planos.
- Hacer planes financieros.
- Planear viajes, horarios, citas, organizar tu calendario.
- Lograr y ordenar tus reservaciones.
- Organizarte mejor en cualquier tarea
- Los niños y adultos con hiperactividad y déficit de atención.

Color de aura:

- Interno: sus colores son mixtos, pues juega con figuras geométricas, rosa.
- Externo: verdes, azules.

Su energía:

- Masculina, es consultor, no es apresurado en darte la información que le preguntes pero sí muy enfocado, sentirás que tu vida es un laboratorio de experiencias.

Ante su presencia puedes observar, tener o sentir las siguientes manifestaciones, símbolos o visiones:

- Símbolo del infinito.
- Símbolos geométricos.
- Ver anillos girando.

- Símbolo de la Flor de la Vida.
- Caleidoscopios.

Sensaciones:

- De sentirte expandido.
- De estar fuera del tiempo.
- De calma, sin prisa alguna pues *eres* en la eternidad.

¿Cómo se manifiesta en la vida cotidiana?

- Te transmite mensajes a través de letras y números repetitivos.
- Te ajusta el tiempo para que llegues a la hora que necesitas.
- Es un arcángel muy visual, le gusta mostrarte las respuestas a tus preguntas con detalles que puedas ver, así responderá a tus preguntas si estás abierto, receptivo.

Frases que puedes escuchar:

- No vives en el tiempo.
- El tiempo es una ilusión.
- Tienes todo el tiempo que necesitas.
- El tiempo no te aprisiona.
- Todo se está alineando.
- Enfócate.

Invocación:

"Querido arcángel Metatrón: pido tu ayuda para que nuevos conceptos e ideas puedan entrar a mi mente, enséñame a vivir en el tiempo de Dios. Enséñame las verdades profundas de mi Padre, acepto que mi vida sea organizada desde su perspectiva, desde el Amor. Arcángel Matatrón te pido me hagas llegar tus mensajes y enseñanzas también respecto a esta situación: _____ (explica).

Gracias por tu poderosa intervención.

Así sea, así ya es.

Formas para facilitar sentir a arcángel Metatrón

- Pide ayuda con tus estudios.
- Pídele asesoría para tus proyectos.
- Piensa en él como si te sentarás frente a un consultor.

Cuándo pedir su ayuda o razones por las cuales arcángel Metatrón puede estar contigo:

- Tienes plazos que cumplir y te está ayudando a que no te presiones y mejor le pidas su intervención.
- Te está pidiendo que ocupes de mejor manera tu tiempo.
- Pídele que te ayude a ser más puntual.
- Te está ayudando a planear en el tiempo, viajes, vuelos, horarios de comida, horas de salida, horarios para dormir, ¡planea con él!
- Te invita a que lo llames más seguido para que no te estresen tus horarios y tengas tiempo para lo que deseas.
- Puedes pedirle ayuda en el tráfico, te abre los caminos.
- Al menos te hace más divertidos los trayectos.
- Te está pidiendo que dejes de ver el reloj (tiempo terrenal) y entres en tiempo divino.
- Solicita su auxilio si tienes interés en estudios metafísicos, de geometría sagrada y el uso de números.
- Pídele que te ayude a mejorar tus finanzas y tus ahorros.
- No vas atrasado en el tiempo, deja de medir y de compararte.
- Pídele ayuda para guiar a niños hiperactivos o con déficit de atención.

Arcángel Miguel

Arcángel Miguel o san Miguel arcángel, como también es llamado, es uno de los arcángeles principales en el judaísmo, cristianismo, catolicismo, así como en el islam, en todas esas religiones hacen referencia a él por su poder, su fuerza y es considerado el líder de los arcángeles en la religión católica. Es, en mi experiencia, el arcángel más solicitado, esculpido, retratado y conocido también por ser el arcángel milagroso. Es el más invocado y sin duda el arcángel cuyas demostraciones del poder de Dios son más llamativas. Su presencia suele notarse más que la de otros arcángeles por ser tan claras y contundentes sus respuestas a tus oraciones. Su nombre significa "El que es como Dios" y, si bien es conocido como líder de todos los arcángeles, *Ellos* insisten en que todos son la misma Voz, todos son "de Dios".

¿Cómo te comunicas con él? Su comunicación es muy directa, clara y contundente, no cuesta trabajo interpretar los mensajes de arcángel Miguel, y sorprenden mucho sus claras contestaciones. *Él* sabe lo que necesitas antes de que termines de decirlo, ya que nuestras palabras son muy lentas comparadas con la velocidad de los pensamientos y de su comprensión. Sin embargo, es muy importante tener tu pregunta muy clara, para tener una clara respuesta. He aprendido que *Él* sabe siempre lo que es mejor para ti, y lo comunicará o hará que sucedan las cosas de acuerdo a lo que realmente necesitas, en el tiempo perfecto.

Arcángel Miguel puede intervenir en tus encuentros con las personas, haciendo que te atrevas a decir lo que necesitas, en forma correcta y directa. Te dirige si se lo pides para llegar a las personas adecuadas. Desea darte las respuestas de manera inmediata, así que prepárate para estar abierto a lo que recibes en tu mente y a las circunstancias relacionadas con lo que le pides. Sin duda serán acomodadas en tu mayor beneficio y el de los involucrados.

Un arcángel que rompe las reglas... y así salva vidas

Es sin duda un arcángel milagroso, rompe las leyes del tiempo, de la gravedad y todas las que consideres en este plano terrenal, porque *Él* sabe que no forma parte de este mundo ilusorio, terrenal. *Él* no existe en el tiempo, sino en la eternidad, al igual que tú, pero a diferencia de *Él*, nosotros tenemos aún mucho apego a este sueño y lo consideremos real.

Si por alguna circunstancia tienes inconvenientes que requieran fuerza física, pide su ayuda; por ejemplo, si al realizar una mudanza te ves en la necesidad de levantar algo pesado y normalmente no lo harías pero tienes esa necesidad, te ayudará a darte la fuerza o puede suceder que "casualmente" toque el timbre el vecino adecuado en el preciso momento. O bien, muy importante, puede ser en casos de vida o muerte, como rescatar a tu hijo de estar debajo de un coche y tú logras moverlo para salvarle la vida. *Él* te dará la fuerza necesaria cuando tienes total confianza y devoción. *Él* me ha ayudado dándome la fuerza útil

e inesperada para correr por mi vida, salvándome de morir apu-
ñalada en una ocasión mientras caminaba una noche en la calle.
Por hacer caso a su guía y por haberme transmitido la fuerza
indescriptible para correr por mi vida, me salvé de morir. Nunca
olvidaré que ambas cosas me impresionaron: su mensaje determinante, con voz fuerte: "¡Corre!" Así como ver que varios kiló-
metros no paré sin que hubiera tenido nada de condición física.
¿Cómo rayos hice eso? ¿De dónde salió esa fuerza? Su mensaje
claro y concreto ¡salvó mi vida! Sé de lo que te hablo, pídele regularmente pues podrá ser tu "guardaespaldas" favorito. Él es
un arcángel atrevido que te ayudará a atreverte, a defenderte y
empezar a vivir sabiendo que *Él* cuida de ti.

Sé práctico, *Él* lo es, si no sabes... ¡*Él* te enseña!

No necesitas hacerle una pregunta larga llena de explicaciones,
¡*Él* es muy práctico! Es su deseo dar respuestas ¡y darlas rápido!,
no necesita de tanta pleitesía pues no tiene ego, su deseo es
ayudar con firmeza, por lo que es normal que antes de que
acabes tu pregunta ya traerá para ti la respuesta a tu mente
antes de que la acabes. No hagas menos lo que llega a ti, sin
duda te dará la respuesta.

Una de las cosas que he aprendido de arcángel Miguel, es
que si no tienes muy claro lo que vas a pedir y tu cabeza es una
maraña de ideas, es mejor que lo aclares antes de solicitarlo,
incluso primero puedes pedirle ayuda para aclarar tus ideas, si
eso te resulta difícil. *Él* trabaja con todos los que le llamen y
transmite una total certeza cuando da sus mensajes. Si temes
pedir algo porque no estás seguro de que sea en tu beneficio,
con su contestación (o la *no contestación*) te quedará claro,
pues es determinante.

La habilidad psíquica que más usarás con *Él*

¡Ojo! Es un arcángel que se comunica mucho a través de la *clari-videncia* y de elementos visuales para llevar sus demostraciones a la tierra, es decir, para responder usa mucho todo lo que te ayude visualmente para que comprendas. Al tener una personalidad muy práctica, le gusta emplear *todo lo electrónico*, digital y medios visuales para dar sus respuestas, así que ¡o le entiendes o le entiendes! Por estos medios te ayuda a que su mensaje sea muy claro, sí, para que te sea súper claro lo que recibes, la señal de su parte.

Chiquiejemplo, en una ocasión mi hermana estaba a una semana de llegar a mi casa de visita, se quedaría un par de meses. Sin explicación alguna, exactamente a las 12 horas en punto todos los días, se empezó a prender el iphone que mantenía en mi consultorio donde daba las terapias con ángeles. Se empezó a encender y a tocar una misma canción en particular, ¡todos los días! Como yo estaba más acostumbrada a sus demostraciones, no sentí temor alguno, al contrario, le agradecí que me mostrara su compañía. Un par de días después me daría cuenta de que su "Miguetravesura" era más significativa y amorosa de lo que pensaba.

Al día siguiente de la llegada de mi hermana, ella se encontraba en compañía de Yael, una amiga mutua en mi casa, y exactamente a las doce del día, como todos los días anteriores, se repitió el mismo acto, se prendió el iphone con la misma canción. Ellas pegaron un brinco y me hablaron por teléfono para contarme lo sucedido, me reí y les compartí que era arcángel Miguel y les platiqué que la semana anterior lo mismo había pasado, incluso les pregunté si se trataba de esa canción en particular, ellas sorprendidas confirmaron el nombre de la canción.

Luego les dije: "Lo que no le he preguntado es por qué eligió esa canción." Entonces arcángel Miguel, con su excelente sentido del humor, al hacer la pregunta en voz alta, me contestó lo siguiente: "Es el grupo favorito de tu hermana y esa canción es una de sus preferidas, sólo estábamos preparando su llegada y le damos así la bienvenida a tu casa." Mi hermana asintió, efectivamente, ese grupo era uno de sus favoritos y hasta la fecha considera ir a sus conciertos. ¡Sí, los ángeles son felices dándonos alegrías! Y sólo porque nos aman.

Esta anécdota me ayuda a explicarte también que *Él* tiene una personalidad desenfadada, divertida y excelente sentido del humor, puede hacerte reír a carcajadas, eliminar los pensamientos de miedo e inseguridad. Cada vez que el miedo te inunde o a un ser amado, o a tus hijos, sólo invócalo para que vuelvas a sentirte seguro. Recuerda que el miedo te paraliza y te hace creer que hay más bloqueos en tu vida de los que en realidad existen, el miedo es lo contrario al amor, ya deja atrás cualquier pensamiento tóxico de miedo con su auxilio y *Él* te ayudará a sentir de lo que eres capaz.

Pídele ayuda para cortar lazos de envidia, dolor, carencia o miedo

Puedes pedirle a arcángel Miguel que te ayude a ser libre de cualquier envidia, pues toda envidia, desde el punto de vista espiritual, sirve para recordarte que si la ves en otra persona, también hay la posibilidad de que exista en ti, Dios te pone ese ejemplo para que pienses al respecto.

Y si tú eres con quien se comparan y te envidian, sólo recuerda que atraes a esas personas para que valores, agradezcas y reconozcas tus talentos, tus capacidades y no temas incluso expresarlos. A quienes se sienten seguros de sus habilidades, sus dones, su belleza, son a los que les dan trabajo, les dan aumentos, les pagan por sus servicios, tienen relaciones más estables, son los que con su actitud dicen "lo valgo", "lo merezco", ¿tú que necesitas?, yo lo tengo, lo domino y así, sin pedirlo muchas veces, la gente les ofrece sólo por lo que proyectan. Ya sé... ¡Pide ayuda a arcángel Miguel!

Tus ángeles te recuerdan que vibrar en envidia es lo contrario a vibrar en abundancia, sentir que envidias es afirmar que te falta algo. Es como ponerte una venda en los ojos y no verte en el espejo de Dios con todo tu valor real. Esa venda que elijes cada vez que envidias la situación de una persona, no te permite reconocer las cualidades y las circunstancias de tu propia esencia, de tu propia vida, así que miras en otros la posibilidad que no ves en ti. Recuerda pedir ayuda a este arcángel poderoso y regresarás a sentir que mereces, que tienes, que puedes, que tus talentos son apreciados –sobre todo por ti– y proyectarás esos nuevos pensamientos de confianza y seguridad.

Si te envidian, puedes hacer dos cosas, ¡mejor tómalo como aplausos del universo! Date una palmadita en la espalda y acepta que estás haciendo bien las cosas, ofrece de nuevo esos talentos para traer alegría, amor y servicio a esta tierra. Estás inspirando a otros: ¡Aplausos! Y por otro lado, pide por esas personas que te envidian. Sí, ellos no se están viendo con abundancia, sino a través de los ojos del ego, los primeros en lastimarse son ellos, así que con tus oraciones despejarás tu mente de los asaltos del ego y pedirás que tu hermano alcance a ver más allá de sus limitaciones.

Misión de vida: ¿Qué hago?

Otro asunto en el que puedes pedirle ayuda es en el tema de tu carrera, proyectos de trabajo, pago de deudas, tomar la mejor decisión para comprar una nueva casa y otros proyectos financieros, él te ayuda a aclarar tu misión de vida día tras día. Es un arcángel que te apoya en todos los temas legales, constitución y construcción de empresas y con todos los trámites. Él te desea éxito en todo lo relativo a valorar tus esfuerzos y aceptar la abundancia.

Es la imagen del arcángel que sugiero tener en tu oficina y áreas de trabajo, su energía influye en el lugar, trae seguridad y protección. Puedes traer su imagen en tu cartera como un símbolo para recordarte lo abundante que ya eres, para que te ayude a vivir libre de pensamientos tóxicos, Él va abriéndote todos los caminos y en este instante está a tu lado.

Ahora mismo, mientras escribo acerca de él, me transmite una mayor velocidad a la hora de redactar y tomo dictado hacia donde él guía mis palabras y mis pensamientos. El me repite: "Confía, todo está llegando en tiempo perfecto, tus esfuerzos son valorados y serán premiados."

Por algo tenías que leer eso... ¡mensaje entregado!

Experiencia con arcángel Miguel: "¡Hola, mucho gusto", qué contundencia!

Arcángel Miguel es uno de los arcángeles con los que más he trabajado, su contundencia y velocidad es muy apreciada cuando se trata de dar auxilio a las peticiones de muchas personas. Hay numerosas historias, pero ésta en particular fue mágica.

Era una madrugada de abril, en los Ángeles, California, en la noche le había escrito una carta a arcángel Miguel pidiéndole que se mostrara y expresándole mi amor. No le pedía ninguna cosa en particular, sólo quería tener el gusto de verlo. Coloqué la cartita debajo de mi almohada, di las buenas noches a mi compañera de cuarto, me acosté y sin problema alguno, después de un largo día, me quedé dormida.

Exactamente a las 3:33 de la mañana, ¡sonó muy fuerte mi celular! Como cada noche antes de dormir, había puesto en silencio mi teléfono y lo dejé cargando a lado de mi cama, sobre el buró del hotel. Primero que nada, me impresionó el sonido, pues estaba completamente segura de que lo había dejado en modo silencio, y además, algo muy raro sucedió: en la pantalla del celular la llamada entrante fue identificada como "número privado", y eso no era nada común que sucediera. Me asombró no identificar la llamada, me apresuré a levantarme de la cama para tomarla en el baño del cuarto para no despertar a mi compañera, (quien después me aseguró que no se molestó ni un ápice). ¿De qué se trataría?

Prendí la luz y al contestar la llamada... ¡no hubo respuesta! "Qué extraño", pensé, pues incluso había sonado más fuerte de lo normal, ¿cómo sucedió eso? no se escuchaba el fondo de manera normal, se escuchaba como un eco. Al no entender y sin respuesta, decidí regresarme a acostar. Cuando estaba a punto de apagar la luz, justo antes de tocar el apagador, ¡wow!, se presentó ¡una luz inmensa, brillante!, con un color blanco que llenaba todo el cuarto y escuché claramente, con firmeza: "Arcángel Miguel." Se presentó conmigo. Él tiene una voz muy varonil, masculina, clara y contundente. De inmediato tuve una sensación de fortaleza, de amor inmenso; estaba estupefacta ante su presencia, como una niña llena de asombro, fue impresionante. Sentía su compañía no sólo frente a mí, sino que me rodeaba, estaba a través de toda la luz que se veía y sentía, todo contenía su presencia.

No es como nos imaginamos los humanos, que creemos que la presencia está en un cuerpo, en mi encuentro se sentía omnipresente, su total presencia me rodeaba. Así como lo había pedido en mi carta, llegó a mí. Me demostró que escuchó mis oraciones y que *Él* se presenta cuando lo invocas. La Luz y su presencia se quedaron unos momentos, no diría que fue breve, se tomó el tiempo suficiente, sin prisa, para hacerme sentir segura y dejarme una gran alegría y una súbita paz indescriptible.

Me transmitía la seguridad de que estaría presente, siempre lo está para nosotros, por lo que sin prisa pero evitando que llegara a sentir miedo, fue cerrándose la Luz, sólo quería que yo supiera que *Él* siempre contesta, nos demos cuenta o no. Su Luz nunca deja de alumbrar tu camino, así que recuerda: el Amor siempre está presente, y *Él* está cuidando de ti.

 ## MENSAJE DE ARCÁNGEL MIGUEL

"Mi fuerza y mi luz te acompañan, no dudes,
nunca perderás nada,
cuando estés listo para rendirte realmente a la voluntad de Dios,
te darás cuenta que aquello que hoy te agobia
o has llamado pérdidas, te ha llevado y
te llevará siempre al crecimiento.
Estoy a tu lado, recuerda,
nunca pierdes nada ante los ojos de Dios.
Yo represento su fuerza."

Te ayuda a:

- Resolver asuntos legales, de justicia, aunque sabiamente te guía en las experiencias que necesitas o pediste vivir.
- Conocer tu misión de vida.
- Lidiar con el ego.
- Aprender y tener ayuda con todo lo electrónico, digital.
- Sentirte poderoso, imparable, sin medida.

- Dejar de postergar.
- Estar en el presente.
- Conectar con la abundancia de Dios.
- Resolver tus necesidades económicas y de tu carrera.
- Hablar sin miedo.
- Saber marcar límites.
- Sentir fuerza física súbita o realizar las actividades que necesites.
- Saber "hacer tierra".
- Sentirte protegido.
- Liberar el miedo al futuro o ante cualquier situación.
- Cumplir algún milagro, sobre todo ante situaciones apremiantes.
- Quitar energía tóxica, pensamientos de miedo.

Color de aura:
- Interno: azul.
- Externo: morado intenso.

Su energía:
- Muy masculino, directo, fuerte, con mucho sentido del humor.

Ante su presencia puedes observar, tener o sentir las siguientes manifestaciones, símbolos o visiones:
- Su espada de la verdad. Generalmente se le muestra con una espada y a sus pies un demonio vencido, no es en realidad una espada para atacar, no hay nadie a quien atacar o de quién defenderse, pues nadie puede atacar o dañar a Dios ni a sus creaciones. Eso va en contra de la naturaleza total de Dios. Es sólo un símbolo de fuerza, de

dirección y muestra que al reflejar en ella la Luz, sólo se encuentra la Verdad en cada situación, ayudando a deshacer al ego (el único "demonio"), viendo por ti en cada situación para que no sientas temor. Si no hay miedo, hay paz, la paz de Dios.

* Se muestra con grandes destellos de luz morada, azul eléctrico y luz blanca.

Sensaciones:

* ¡Calor! Cuando esté presente sentirás la temperatura ¡elevarse!
* Su energía es fuerte y sorprende.
* Contundencia, es contundente con sus palabras y su presencia.
* Liberación, al quitarte el pesar y contestarte con un excelente sentido del humor.

¿Cómo se manifiesta en la vida cotidiana?

* Con contestaciones rápidas, para que veas la causa.
* Mediante "pequeños" o "grandes" milagros, todos son milagros.
* Alas, plumas de aves.

Palabras que puedes escuchar:

* Con voz masculina y contundencia te dice su nombre: "Arcángel Miguel."
* Palabras como "corre", "sal", "deja ese lugar", ante una situación de vida o muerte.
* Te avisa si hay un peligro inminente.
* Entrega del mensaje de manera muy concreta, en frases breves y directas.

Invocación a arcángel Miguel:

"Amado Arcángel Miguel: ayúdame a sentirme protegido por encima de todo miedo. Ayúdame a no verme como víctima bajo ninguna circunstancia, y en particular te pido me ayudes a tomar las mejores decisiones respecto a esta situación _____ (explica). Ayúdame a no perderme en una lucha de poder. Tú que eres uno con Dios, poderoso y sin medida, ayúdame a ver la luz en esta situación. Concédeme el milagro que más necesito y libérame de todo dolor.

Así sea, así ya es.

Gracias, amado arcángel Miguel."

Formas para facilitar sentir a arcángel Miguel en casos de peligro

- ¡Con *Él* es muy sencillo! Recuerda, te atiende de inmediato cuando lo llamas con determinación. Sólo di su nombre: "Arcángel Miguel", ¡pide firme y claramente! En caso de peligro grita su nombre bien fuerte o hazlo mentalmente, lo que más importa es que no dudes del resultado, de su llamado, considera su protección como un hecho y hecho estará.
- Te contaré otro ejemplo de S.O.S., auxilio, help: En una ocasión iba manejando en la ciudad de México, estaba a unos días de las vacaciones decembrinas, me detuve en un alto y mientras esperaba a que cambiara la luz, afortunadamente con el vidrio cerrado, un hombre se acercó al vehículo y golpeó la ventana con una pistola, yo iba sola y mientras lo hacía me gritaba: "¡¡Baja el vidrio!!» Yo no entendía al principio lo que me decía, me impresioné y estaba a punto de bajarlo cuando sentí que detuvieron mi mano, y en mi mente escuché muy claro: "NO lo

hagas", alejé la mano de inmediato y le empecé a gritar que no le entendía, el hombre subió el arma y la colocó apuntándome a la cabeza tras el vidrio, y al verme encañonada frente a la pistola que apuntaba directamente a mi cabeza, grité "¡arcángel Miguel", lo más fuerte que pude y seguí la instrucción que inmediatamente me dio, claramente me dijo: "No voltees a verlo", y eso hice. Esto molestó más al delincuente pero yo obedecí y sólo vi al frente, mientras oraba, llevé las manos a mi corazón y grité su nombre nuevamente, si eran mis últimos momentos, estaba decidida a volcarlos a Dios, el ladrón golpeó el vidrio de mi coche al ver que no me dirigía a él, pero en lugar de insistir, al oír que gritaba el nombre de arcángel Miguel, no sé qué habrá visto o qué habrá sentido, lo que sé es que esa determinación y seguir la instrucción, hizo que milagrosamente el agresor bajara su arma, guardó silencio y sin decir nada, con cara de asombro se alejó, entonces la luz del semáforo cambió y aceleré sin que el ladrón soltara un solo disparo.

- Confía en su guía, es milagroso sin medida, y tu determinación al llamarlo hará la diferencia, sigue la guía que recibas sin miedo. En cada experiencia te darás cuenta qué tan entrenado estás, todos estamos viviendo lo que necesitamos para aprender a confiar, y aceptar el gran poder de Dios que reside en ti.

Cuándo pedir su ayuda o razones por las cuales arcángel Miguel puede estar contigo:

- Cuando estás enfrascado en asuntos legales.
- Necesitas determinación.

- Te ayuda a sentir que tienes el poder para avanzar, terminar y concretar.
- Protege en situaciones de vida o muerte.
- Necesitas ayuda en asuntos de tecnología.
- En situaciones de necesidad económica.
- Cuando deseas respuestas contundentes.
- Necesitas poner en balance tu energía masculina.
- No pones límites de manera adecuada y *Él* te impulsa a ser claro.
- Necesitas creer más en los milagros.
- Te está ayudando a tomar la decisión que hará crecer tu patrimonio.
- Es tiempo de ser atrevido y dar el siguiente paso.

Arcángel Rafael

Poderoso arcángel cuyo nombre significa "Aquel que ha sanado", o "Aquel que sana". Arcángel Rafael es el "Supremo Sanador" de los arcángeles, su función es ayudar a sanar física, emocional, energética y mentalmente a quien se lo pide. Arcángel Rafael sabe que los humanos, aunque pedimos salud, la podemos boicotear una y otra vez, existe una gran resistencia a ella y muchos dudan que pueden permanecer en ella.

Arcángel Rafael te recuerda que mereces la salud en todas sus manifestaciones y en todas las áreas. Siempre te dice que *la buena salud es tu estado natural de ser* y, por lo tanto, te ayuda a llegar al pensamiento que origina "la enfermedad", el padecimiento, el conflicto, o a ver cómo tu miedo boicotea lo que más deseas.

El miedo es una elección. Puedes pedir a arcángel Rafael que corrija los pensamientos equivocados para que mejor elijas bien. Puedes corregir temporalmente mediante pastillas y medicina el efecto, pero seguir sin atender *la causa*, los pensamientos de miedo, incertidumbre, tristeza, enojo... de enfermedad. Tu cuerpo será un reflejo fiel de aquello con lo que lo alimentes, y mientras creas que sigues separado de la Fuente, podrás sentir miedo. La solución consiste en pedirle ayuda, desear que *tu voluntad* se alinee a *su voluntad*, así estarás seguro de que no hay nada que temer.

Para que la salud suceda tiene que desearse. Para que un conflicto se resuelva sólo desea la paz, si en vez de eso quieres tener la razón, elegirás lo más por lo menos. Pide ayuda al mundo espiritual y a arcángel Rafael, Él como la intención sanadora de Dios, te ayudará a apreciar más la paz, que el conflicto.

Experiencia con arcángel Rafael: ¡¿Cómo se logra sanar este dolor?!

Con este ejemplo podrás ver claramente cómo *la forma* que toman nuestros pensamientos equivocados se corrigen cuando se atiende *la causa* y te permites regresar al amor. Arcángel Rafael te ayuda a mostrarte los pensamientos de confusión y en vez de que lidies con la enfermedad, *Él* te ayudará a sanar ese mal entendido en tu mente.

En una ocasión llegaron a sesión con sus ángeles, los padres de la niña Mari José, en ese momento ella tenía casi 10 años. Su padre me localizó para pedir ayuda pues su hija tenía unas llagas inexplicables que habían estado creciendo en sus piernas, y a pesar de estar medicada, tenía unos dolores muy fuertes. Ella se despertaba en la madrugada gritando "¡Papi, papi!" Mientras él corría a su cama para ver que sucedía, ella le pedía a gritos a su padre que le cortara las piernas para ya no sentir el dolor. Ante esta impotencia, el padre logró localizarme y la niña y sus padres llegaron a terapia con sus ángeles. Al estar instalados, pedí ayuda a arcángel Rafael para ver la causa de esta enfermedad. De inmediato *Él* mostró ante mis ojos la palabra "celos", obvio, me causó extrañeza, pero sin dudar del mensaje me dirigí a los padres de la niña:

–¿Hay muchos problemas de celos entre ustedes?

– ¡El único problema con eso, es que mi marido no puede dejar de ver a otras mujeres!– contestó la esposa de inmediato y enfurecida. Él se defendió diciendo que ella estaba enferma de celos, que cualquier mujer que pasara a lado era un problema, asegurando que muy fácilmente ¡él la dejaría por otra! La mujer contestó con gritos, desesperada, dijo que la que estaba mal no era ella, así quería mostrarme que el equivocado era su marido quien no evitaba voltear a ver y sentir atracción ¡¡por el busto de las mujeres!!... Así continuaron su diálogo enfurecidos.

Arcángel Rafael se mostró con su paciencia característica al lado de ellos, intervino para mostrarme la dinámica familiar en la que estaba inmersa la niña, así que detuve sus comentarios que muy pronto se convirtieron en una fuerte discusión.

–¿Así hablan enfrente de la niña? ¿O sólo sucede cuando están solos?– les pregunté.

–Ojalá fuera sólo cuando estamos solos, pero ella nunca para sus reclamos, y vivimos en un lugar pequeño, cualquier discusión se escucha en la casa– me dijo el papá, apenado. Ella sólo agregaba comentarios que mostraban su enojo.

Les expliqué cómo arcángel Rafael me mostraba que a fin de parar estas discusiones violentas, (que la niña, obvio, no deseaba escuchar pues la lastimaban) y ante el miedo que Mari José sentía por la separación de sus padres, ante la amenaza del papá de irse para que ya no hubiera más problemas —pues estas peleas eran frecuentes- arcángel Rafael me mostró que la única forma en que la niña "se protegía inconscientemente" era enfermándose, pues se dio cuenta que así no peleaban, no discutían con violencia cuando ella se ponía mal. Sí, es más, al contrario, se lograban poner de acuerdo y permanecían juntos sin discutir, ¡la enfermedad funcionaba!

Ante eso acordaban entonces llevarla al hospital o con la doctora, así la niña sentía "la seguridad" de ver juntos a sus padres. Ellos afirmaron que esto era cierto, incluso él dejaba su trabajo cuando su esposa le hablaba para ir al hospital y no discutían, resolvían, sólo veían por el bien de su hija, por más mal que estuviera la relación. Por lo que ella aprendió y en su inconsciente aceptó la enfermedad como una forma de obtener "amor y paz".

Al hacerles ver a los padres que esta era *la causa* real detrás de las llagas de su hija, ellos estaban estupefactos pero reconocieron la mala situación en casa. Por lo que la mayoría del resto de la terapia la enfoqué en ellos, en su relación y posteriormente hablé con la niña, sin que hubiera mayor resistencia en ella para sanar en ese momento.

Ellos volvieron a su casa, habían viajado desde otro estado, a mi ciudad para recibir su terapia. Unos cuantos días después el padre me comunicó que estaban haciendo su tarea de cuidar el ambiente en casa para sus hijos. Habían logrado parar, al menos temporalmente, las peleas. Mari José había mejorado mucho y mientras pasaban las semanas le fueron bajando las fuertes dosis de medicamentos, hasta retirárselos por completo, ya que sus piernas terminaron por sanar, las llagas y los dolores habían desaparecido.

Lo importante es que en cada situación preguntes por la verdadera causa de tu dolor. Mari José había tomado una elección equivocada. Hablamos de las formas en que nos hacemos daño esperando recibir a cambio "amor". Gracias a la ayuda de arcángel Rafael en ese momento la pequeña eligió de manera diferente. Tú puedes elegir en este momento diferente, sólo pide su ayuda.

MENSAJE DE ARCÁNGEL RAFAEL

"Amado, llámame cada vez que lo necesites,
la salud es tu estado natural de ser
y yo estoy a tu lado recordándotelo,
deja de resistirte al amor,
yo te uno de nuevo con Dios."

Te ayuda a:

- Que voltees a verte.
- Que pongas atención a las necesidades que expresa tu cuerpo.
- Desintoxicarte emocional, física y energéticamente.
- Sanar la idea de que eres una víctima.
- Guiarte en la sanación de los enfermos.
- Cuidarte y hacer una sana alimentación.
- Quitar emociones como la tristeza, depresión.
- Desear la salud, en vez de boicotearla.
- Sanar adicciones.
- Sanar el deseo de antojos.
- Dormir mejor y quitar el insomnio.
- Elegir bien en todo lo relativo a los viajes.
- Atender y confrontar con sabiduría temas de suicidio.
- Desarrollar tu *clarisensibilidad.*
- Guía a los chefs, cocineros (a los interesados en estas profesiones) y en todo lo relacionado con la cocina.
- Inspirarte para hacer nuevas recetas y menús.
- Te ayuda a guiar a otros en temas de salud y nutrición (nutriólogos).

- Arcángel patrono de doctores, enfermeras y todo lo relacionado con auxilio en la salud.
- Guía a los masajistas o te sugiere que tomes un masaje.

Color de aura:
- Interno: amarillo dorado.
- Externo: verde esmeralda.

Su energía:
- Masculina, es suave, amoroso, callado.

Ante su presencia puedes observar, tener o sentir las siguientes manifestaciones, símbolos o visiones:
- Ruiseñores y colibríes.
- Puedes ver mucha luz verde en tus meditaciones.
- Bíblicamente, el bastón y el pescado.
- Muchas veces ocupa la naturaleza y lagos para ayudar a tu sanación.

Sensaciones:
- De relajación casi inmediata.
- De paz.
- Sientes que eres capaz de ser paciente.
- Te ayuda a relajarte especialmente si sientes culpa por descansar.

¿Cómo se manifiesta en la vida cotidiana?
- Aves cantando.
- Ruiseñores.
- Colibríes.

Palabras que puedes escuchar:

- Sana.
- Acepta tu sanación.
- Todo es un proceso.
- Mi luz te sana.

Invocación:

"Amado arcángel Rafael: ayúdame a sanar cada uno de mis pensamientos, que en cada uno de ellos se encuentre Dios. En este momento elijo la salud y la paz por encima del temor. De corazón te pido que me ayudes a salir adelante en esta situación: _____ (explica). Que en mi mente acepte la salud y el amor bendito de Dios.

Así sea, así ya es.

Gracias arcángel Rafael."

Formas para facilitar sentir a arcángel Rafael:

- Di la invocación desde tu corazón.
- Haz oración.
- Visualiza rodearte de una esfera de luz verde que te ayuda a sanar y recobrar la confianza de nuevo.
- Puedes pedirle una *visita de sanación*. Establece una hora en la que quedarás en recibirlo, de antemano hazle saber que aceptas la sanación, recuéstate en tu cama e inhala y exhala, visualiza luz verde como parte de tu terapia. Observa en qué partes del cuerpo se manifiesta dolor o simplemente lleva tu atención a esas partes, arcángel Rafael dirigirá la luz verde hacia esos lugares o el color que llegue a ti es perfecto. Mantente abierto a escuchar cualquier mensaje que llegue a ti. El "Doctor de

Dios" sabrá comunicarte y ayudarte a ver esas partes del ego que te boicotean. Acepta la salud que trae para ti.

- Pon atención a las personas que llegarán a tu vida y las pláticas que tendrás. También puedes pedirle una visita de sanación para alguien que amas.

Cuándo pedir su ayuda o razones por la cuales arcángel Rafael puede estar contigo:

- Cuando quieras renunciar a la enfermedad.
- Cuando quieras entender las causa verdaderas que te hacen comportarte como una víctima.
- Necesitas dormir más o mejor.
- Te está ayudando a sanar tu corazón de cualquier dolor.
- Necesitas enfocarte más en las bendiciones que traerá esa situación que en el dolor.
- Necesitas relajarte más.
- Te está ayudando a traer y elegir la alegría en vez de la depresión.
- Necesitas valorar tus bendiciones por encima de la voz de tu ego.
- Necesitas darle más importancia a tu salud.
- Necesitas comer mejor, aprender a escuchar a tu cuerpo.
- Está ayudándote a cuidar de ti, a pesar de ti.
- Te motiva a hacer ejercicio.
- Te está ayudando a sanar emocionalmente.

Arcángel Raguel

"¿Estás listo para dejarte amar?" Así se presenta el maravilloso arcángel Raguel, el arcángel que nos ayuda a encontrar y a basar en el amor incondicional todas nuestras relaciones. Su nombre significa "Amigo de Dios" y hablar de arcángel Raguel es hablar de una frecuencia vibratoria muy elevada, la del amor. Todos deseamos amor y este arcángel te recuerda que esa es tu esencia, los seres humanos nos sentimos bien cuando amamos, cuando nos sentimos amados, apreciados y valorados.

Este arcángel te recuerda no sentir culpa por cuidarte, amarte, apreciarte, dedicarte tiempo y considerar tus necesidades muy importantes. Está bien y es seguro ver por ti, pero la trampa del ego es hacerte creer que eres un egoísta y te genera culpa si no vives considerando las necesidades de los demás. Puede ser en detalles muy pequeños o en formas muy obvias en las que eliges cargar, sacrificarte y hacerte menos frente a los demás, en situaciones por muy cotidianas que sean, por ejemplo: me tocó una vez que estaba en el elevador ver entrar a una mamá cargando a su hija, ¡se notaba que apenas si podía con ella! Realmente estaba haciendo un gran esfuerzo al cargarla. Me saludó amablemente con voz entrecortada, agitada, mientras otra mujer detenía el elevador y le ayudaba a meter el triciclo de la niña y otra bolsa grande, y demás bolsitas, al acabar de meterlas le avisó que la veía arriba para llevar el resto de las cosas. La niña, de seis o siete años, le dijo que tenía sueño. Ella tomó vuelo, la volvió a impulsar hacia arriba e hizo el esfuerzo de seguirla cargando durante el trayecto. Se veía que la mamá muy difícilmente podía con el peso pero la necesidad de la niña era: ¡Quiero ser cargada y tengo sueño! La necesidad de la mamá era: ¡Auxilio, no puedo con todo! Sin embargo cargó a su hija y ante el esfuerzo que significaba el peso de la niña volteó conmigo y con cara de sufrimiento me dijo: "¡¡Uffff está bien pesada!!" Claro, también lo dijo en un tono muy bajito para no interrumpir el deseo de su niña de dormir. Le contesté, también en voz baja, "si no puedes bájala tantito y pégala a tu cuerpo, solo necesita sentir tu amor, tu compañía, con eso estará bien hasta que logres subir y entrar a tu casa".

Ella contestó: "Prefiero dejarla así, *al final ¿para eso es mi bebé cierto?*"

Arcángel Raguel me mostró que esta madre se estaba complicando la vida de muchas maneras, y a pesar de que hacía su mejor esfuerzo en todas las situaciones, constantemente se llenaba de culpa, cansancio y frustración. Este es uno de los ejemplos en los que podemos ver que confundimos el amar con el "justificado y necesario acto de sacrificio". El ego nos hace creer que es imposible separarlos, sin embargo los ángeles y en particular arcángel Raguel, nos recuerdan que nadie en el mundo espiritual nos juzga por lo que elegimos, sólo están tratando de enseñarnos formas más sanas de amar.

Tarde o temprano, si has aprendido a amar así, puedes empezar a sentir cansancio, impaciencia, falta de tolerancia y,

lejos de gozar al máximo tus relaciones, puedes empezar a desesperarte más fácil, apreciarlas menos, volverse una rutina con
peso y así la vida pierde un poco su sentido.

Si has tenido dificultad para poner límites sanos y amorosos
en tus relaciones o mezclas sacrificio con amor, llama a arcángel
Raguel para que disfrutes y aprecies cada una de las relaciones
que están en tu camino. El objetivo de éstas es recordarte que
aprendas de todas y traigan alegría a tu vida, sin la carga del peso
emocional o que lleguen a abrumarte.

En el otro lado de la misma moneda, sabemos que están las
personas que creen que otros a su alrededor están para ayudar
a cumplir sus necesidades e intereses, o les gusta controlar y
que las cosas sean como ellos lo desean. Esta es otra trampa del
ego, pues les hace creer que pueden tener el control sobre las
situaciones y las personas. La vida también les dará oportunidades para ver más allá, cambiar de opinión, y arcángel Raguel,
sin duda, los ayudará a tener relaciones más sanas y amorosas,
cuando realmente lo deseen.

Desde luego, este arcángel también te ayudará en todo lo
relacionado con el amor, romance, pasión, compromiso, amores
platónicos, almas gemelas, noviazgos, bodas o decidir bien una
posible separación, o cuando de plano el aprendizaje con una
pareja llegó a su máximo. Te ayuda a no caer en la trampa de
las suposiciones entre amigos o con tu pareja. El suponer en tu
mente respuestas, necesidades, pensar que sabes lo que quiere
o no alguien, puede hacer que también estés sufriendo o sacrifi-
cándote en tus relaciones innecesariamente.

Te comparto un ejemplo de una situación típica entre
parejas, que pasa por suponer: digamos que una pareja está
desayunando en un restaurante. Quedan dos piezas de pan, ella
sabe que a él le encantan las donas de chocolate y en la mesa

queda una y un croissant. Ella piensa en lo que a él le gusta y decide tomar el croissant porque "sabe" que él va a querer la dona. Él toma la dona, pues ella decidió tomar el otro pan, aunque en realidad ese día se le antojaba la otra pieza. Pero cuando asumes saber lo que los demás prefieren, ya sea nuestra pareja u otras personas, decidimos sin preguntar al otro/otra. Ellos deciden en este ejemplo "amarse" mutuamente o sacrificarse de esta manera por su amor. Cuando ella termina el croissant, él le pregunta, qué tal están aquí los croissants?, ella le dice que estaba muy bueno, a lo que él agrega "¿en serio?, me lo imaginé, se me antojó muchísimo". Ella le responde asombrada: "¿¡Pero cómo!? ¡Pensé que ibas a querer la dona! ¿No son tus favoritas?" "Pues sí —dice él—, pero hoy tenía ganas de probar el croissant, no siempre quiero donas, pero como vi que lo tomaste, dije *no importa mejor que se lo coma ella* Ella le dice: "¡Ay, y pensar que a mí se me había antojado la dona! Bueno...ni modo."

Arcángel Raguel te enseña cómo tener una mejor comunicación para que realmente tengas una relación basada en el amor, creando una intimidad profunda, sin sacrificios del uno por el otro, sólo basada en el amor. Eso hace que haya libertad en tu relación. Si hay una aceptación real, si conocen sus necesidades, deseos y son tomados en cuenta por ambos sin enojo, se genera respeto y un amor maduro que no se acaba con el tiempo.

"¿Ajá, y qué hay de la pareja que no encuentro?" Sí, muchas personas desean encontrar a su alma gemela, amor, la pareja con quien sueñan ser felices y la esperan con gran ilusión. La mejor enseñanza de arcángel Raguel en ese sentido es: que para el amor que esperas y añoras se requiere estar dispuesto a crecer y realmente querer ese amor que pides. Todo llega de acuerdo al plan divino que elegiste, también para aprender a amar desde una mayor conciencia, amar incondicionalmente es algo que se aprende.

Explico: muchas veces se desea una pareja ¡ma-ra- vi- llo-sa! que ofrezca amor incondicional, seguridad, paz, que no sea conflictiva, que podamos platicar magníficamente, que vaya de acuerdo con mis valores etcétera, pero muchas veces la persona que la pide quizá no está vibrando en amor, sino en necesidad, (si no es que ya en exigencia o desesperación). Necesita trabajar en su seguridad personal. No muestra en su entorno interior y exterior esa paz que espera de la pareja, vive con temas del pasado, su ambiente no denota estabilidad y tranquilidad personal, vive un tanto a la defensiva y eso de platicar maravillosamente... pues cuando se trata de emociones, también le cuesta mucho trabajo expresar sus emociones verdaderas de manera clara. O sea, pido ¡lo que en mí no he logrado!

Puede ser que no tengas todas esas características... o sí. Pero el punto es que por lo tanto, todo lo que está pasando en tu día a día, en tus relaciones o en la ausencia de éstas, es necesario que suceda, también para que crezcas en tu vida. Arcángel Raguel te ayuda a "pulirte", te enseña a través de muchas otras relaciones con amigos, jefes, hermanos, lo que necesitas ver antes de toparte con ese anhelado personaje. Arcángel Raguel desea ayudarte a entender: cómo amarte y amar a otros de manera sana. El tener relaciones sanas comienza con la magia de pedir *su* ayuda. Ojo, si tu crecimiento es mayor con una pareja, entonces en esa forma llegará y así lo vivirás. El punto es: si estás actualmente en una relación o no, lo importante es darte cuenta de estar cultivando el amor incondicional en ti y para los demás.

Experiencia con arcángel Raguel: estás destinado al Amor.

Esta es la experiencia de un hombre en busca de respuestas a sus inquietudes y la petición que hizo a sus ángeles de la guarda, al arcángel Raguel, al arcángel Chamuel y a la virgen María de Guadalupe de la que es muy devoto. Después de pasar por un divorcio muy difícil, decidió cerrar por completo el área del amor, ya no quería saber nada de citas, de presentaciones o lo que tuviera que ver con pareja. Él decía que prefería estar solo, que pasar de nuevo por una situación tan dolorosa: cerrado por completo el corazón y el departamento de citas.

Por si esto fuera poco, él, con dos hijos preciosos, a los que ama con todo su corazón, por razones injustificadas relacionadas con su divorcio, de manera sumamente arbitraria, se encontró imposibilitado para verlos hasta que los asuntos legales se resolvieran. Su corazón parecía que no podía del dolor. Se dedicó, esperanzado, todos los días a sacar adelante esos asuntos legales; y adicionalmente a sus pesares, por si esto no fuera demasiada carga, la empresa familiar estaba pasando por momentos muy complicados, dejándolo con problemas económicos y fuertes deudas a sus padres, las cuales también decidió resolver. Todo parecía cada día más difícil, ir constantemente a los juzgados hacía que tuviera menos tiempo para buscar nuevas ventas o poner al día la empresa. El peso en sus hombros era excesivo... pero tenía que hacer el esfuerzo sin importarle cómo se sintiera emocionalmente, tenía que sacar adelante todo al mismo tiempo y eso sumado al dolor de estar lejos de sus hijos, todo había terminado por llenarlo de tristeza y poner una coraza en su corazón.

Pasaron tres años antes de que él estuviera ligeramente, lo que se dice un poquito, abierto a la idea de empezar a salir con alguien, los asuntos legales parecían aclararse lentamente y él confesó que vivir en pareja era una gran ilusión que tenía desde que era niño. Sentía que su pareja sería su gran equipo, la ilusión de su vida, realmente era un tema importante para él, sabía que aunque había estado casado, aún no había llegado esa persona.

Así que, al no tener intenciones de probar cita tras cita, sin disposición para pasar los penosos trámites de conocer a alguien a ciegas, y tampoco sin interés en relaciones pasajeras, pidió con toda determinación que la mujer idónea para él, fuera traída por Dios. Él no quería salir a buscarla, no quería hacer prueba y error. Él, muy devoto y confiando en la ayuda de sus ángeles, pidió con todo su corazón que se encargaran de encontrarla y pidió señales muy claras para reconocerlas cuando fuera el momento.

Así que después de tres años de su petición y haber escrito una carta con las características muy específicas que él deseaba en esa mujer, una mañana regresando de correr como acostumbraba, al revisar sus mensajes en Facebook, se encontró uno sobre un nuevo programa de radio que trataba acerca de ángeles, él se entusiasmó ya que le encantaba todo lo relacionado con ese mundo. Decidió acostarse a meditar y sintonizarlo en la comodidad de su hogar, él había pedido conocer más de los arcángeles y con ellos había estado haciendo sus meditaciones. Al sintonizarlo, ¡la conductora estaba realizando una meditación con los ángeles!, inmediatamente él sintió una conexión muy especial con ella, quien invitaba posteriormente a un taller de arcángeles ¡esa misma mañana! Al escuchar el programa y meditando, él sintió una gran alegría repentina y recibió el siguiente mensaje: "Ve, ya estás listo, ahí conocerás a la pareja que anhelas."

Él no sabía si estaba imaginando o si sus ganas de tener pareja le estaban haciendo alucinar cosas, así que se sentó y preguntó desde su corazón, para saber que no estaba equivocado. Nuevamente le fue repetido: "Ve, ahí vas a conocer a la pareja con las características que has pedido." ¡Él sintió una gran alegría en su corazón! Así que animado pegó un brinco y decidió meterse a bañar y alistarse para ir al curso anunciado unos momentos antes en el radio, ¡qué emocionante! estaba decidido a confiar en su intuición y en el mensaje que había recibido.

Cuando llegó al lugar del curso, se percató de que a pesar de que era un salón muy grande en un centro de convenciones, había mucha gente, el salón estaba casi lleno y, sobre todo, ¡había muchas mujeres! ¿Cómo sabría quién era la indicada? Él se inscribió entusiasmado, obtuvo su boleto y entró mirando a todos lados, pero sabía que no era él quien la buscaría, él había pedido que quien fuera, no sería algo organizado como una cita, no sería un encuentro forzado de ninguna manera, así que a pesar de la emoción que sentía sólo decidió tomar asiento hasta el fondo del salón y ver qué sucedería, de cualquier manera él además había pedido ayuda a sus ángeles para aprender más de ellos, así que todo esto parecía una gran oportunidad.

Era momento de comenzar, la música del salón se detuvo para dar la bienvenida y presentar a la conferencista, todo estaba dispuesto. Cuál sería su sorpresa que al salir la maestra al escenario, él vio una luz que la iluminaba como si tuviera un reflector, sintió en su corazón que era ella, sin duda, ¡es ella! ¡Quiero conocerla! Tendría que esperar todo el curso para acercarse y saber si lo que sintió era acertado, mientras tanto aprendió mucho de una materia que le interesaba, de sus fieles compañeros los arcángeles.

Por si esto no fuera ya suficientemente emocionante para una mañana, en algún momento del taller ¡fue elegido para recibir mensajes de sus ángeles! Ella se dedicaba a canalizar mensajes de los arcángeles en esa parte del curso, así que ella vio cómo los ángeles "prendían" una luz como un reflector o foco grande encima de su cabeza para indicarle que hablara y ¡se dirigiera a él! Era su turno, sus ángeles la habían guiado a elegirlo ¡para que ese fuera su primer contacto! ¡Un contacto muy angelical! De todas las cientos de personas que se encontraban ahí, la habían

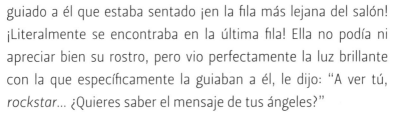

guiado a él que estaba sentado ¡en la fila más lejana del salón! ¡Literalmente se encontraba en la última fila! Ella no podía ni apreciar bien su rostro, pero vio perfectamente la luz brillante con la que específicamente la guiaban a él, le dijo: "A ver tú, *rockstar...* ¿Quieres saber el mensaje de tus ángeles?"

Lleno de emoción aceptó y sus ángeles empezaron a describirle a ella "el gran almacén", que era una planta de almacenaje donde él trabajaba. Le entregó los consejos de sus ángeles para mejorar su situación de trabajo y los problemas financieros, haciéndole ver el camino que ayudaría a mejorar todo económicamente. Le hablaron también de una vocación no atendida, la diversificación necesaria para la empresa y cómo le aseguraban que no necesitaba preocuparse más por el futuro que, le aseguraban, se resolvería sin mayores problemas. Era momento de que empezara a ver la luz y a confiar en el futuro brillante que le aseguraban sus ángeles. ¡Que emoción!

Después de canalizar a varias personas más, el curso llegó a su fin, ahora estaba listo para acercarse a ella. Después de poco más de dos horas de espera para que tocara su turno en la larga fila, él estaba decidido a esperar hasta que fuera incluso la última persona en el lugar y entablar de alguna manera una conversación con ella antes de irse. Durante el tiempo de espera, él se dio cuenta, por la contra portada de su libro que ahí encontró, ¡que habían estado juntos en la misma universidad! ¿Se cruzaron por los mismos pasillos durante cinco años sin haberse conocido? Tenían muchos conocidos en común y resultó ser que ¡hasta sus hermanos habían trabajado juntos! "¿Cómo es que no la había conocido antes?"

Él tampoco sabía que tan sólo una noche antes del curso, mientras ella hacía oración por las personas que asistirían al curso, sus ángeles y arcángel Raguel también harían su parte al entregar un mensaje muy particular... En la mañana siguiente, antes de salir al escenario, ella compartió el mensaje con su asistente, mismo que la dejó helada y dudando. Le dijo que se acercarían a ella tres personas para tomar la certificación que ella impartía para formarse como terapeutas con ángeles: "Estas personas no tendrán los requisitos, pero desde anoche los han eliminado los ángeles." "¿Quéeee? ¿Es en serio?" La asistente no podía creerlo. Ella sabía que siempre había sido muy estricta con los requisitos y ahora se convertían tan sólo en... ¿una sugerencia? "No te preocupes, sólo diles a esas tres personas que hablen conmigo", le dijo a su asistente.

Dicho y hecho. Al terminar el curso tres personas se acercaron con la asistente, siendo él uno de las personas que se habían interesado en la certificación. Él se había acercado a la asistente sin saber que de esta manera, tenía la razón ¡perfecta! para hablar con ella, ¡los ángeles le habían dado la puerta de entrada!

Así que el encuentro organizado sin que ellos lo supieran, comenzó: "Aquí está una de las personas que me comentaste por la mañana, quiere tomar el curso y no tiene, en efecto, los requisitos..." le dijo la asistente a la maestra. Ella volteó a ver de quién se trataba, ahí estaba por fin el encuentro para salir de dudas, y ahí estaba él inicialmente sin decir una palabra... Empezó por tratar de explicar su deseo de tomar la certificación, argumentando cuánto le gustaba el mundo de los ángeles... Ella simplemente respondió: "¿Te conozco?..." Sentía una cercanía total con él y con su mirada, algo en él le parecía muy especial. Se hizo un breve silencio... el reconocimiento desde el alma había sido mutuo. Él sólo pudo contestar: "Seguramente sí, creo que de la tele." Ambos sabían que no... Él insistió en tomar la certificación, en realidad las palabras no importaban tanto, lo más fuerte era lo que sucedía sin palabras, la atracción instantánea entre ellos había sido mutua, el encuentro se había dado para cambiar de aquí en adelante sus vidas.

Lo habían puesto frente a esa mujer, tal como él le había pedido a sus ángeles. Arcángel Chamuel te ayuda en la búsqueda, aunque tome tiempo... conoce lo que te hará feliz. Arcángel Raguel es el arcángel que te ayudará a darle continuidad a ese encuentro, te ayudará a crecer en esa relación, abrirte al romance, a disfrutar el deseo de comprometerse, superar las partes difíciles. Para abrirse y aprender a amar, es necesario cruzar los desiertos internos y las heridas.

Esa petición lo había llevado directo a una mujer que, de igual manera, no pudo resistirse a amarlo. A pesar de la resistencia y de las circunstancias, Dios siempre tiene un plan perfecto, *Él* nos eleva por encima de los miedos y nos dirige al amor. Ese día, sin que ellos lo supieran, ya habían conectado sus caminos. ¿Qué seguiría en esta historia de amor?

Moraleja: cuando Arcángel Raguel te dice que ya es tiempo para el amor, cuando te dice que estás listo, ¡es porque lo estás! ¡Sigue adelante más allá de las murallas y del mundo de miedos! Puedes superar cualquier obstáculo, cualquier desafío, la fuerza más grande es la del AMOR.

 MENSAJE DE ARCÁNGEL RAGUEL

"El amor está siempre presente, el amor es lo único real,
no has de preocuparte por dónde lo has de hallar,
sólo cultiva a Dios en ti todos los días
y en todos lados lo encontrarás.
El que ama y logra ver amor en el otro,
en el mismo cielo ya está."

Te ayuda a:

- Estar atento a los detalles.
- Mejorar todas tus relaciones.
- Mejorar el trabajo en equipo.
- Encontrar a la pareja que te ayudará a crecer.
- Cuidar tu noviazgo.
- Tener una relación de pareja estable.
- Tener un matrimonio apegado al amor incondicional.
- No resistirte al amor romántico.
- Enamorarte de tu vida.
- Subir tu autoestima.
- Cuidar de ti emocionalmente.
- Tener humildad en vez de orgullo en tus relaciones.
- Sanar conflictos en tus relaciones.
- Organizar sorpresas y detalles para la persona que amas.
- Despertar la creatividad a diseñadores.
- Crecer el amor en tu vida.
- Resolver conflictos.
- Incrementar la pasión y el romance.
- Escribir los votos de tu boda.
- Crear ceremonias donde reafirman su amor.

Color de aura:

- Interno: rojo frambuesa.
- Externo: azul morado intenso.

Su energía:

- Masculina, te invita a vivir bien y al romance.

Ante su presencia puedes observar, tener o sentir las siguientes manifestaciones, símbolos o visiones:

- Rosas rojas.
- Corazones de cualquier color.
- Pétalos de rosas.
- Ver los colores de su aura y símbolos en tus meditaciones.

Sensaciones:

- Aromas dulces y penetrantes.
- Deseo de perdonar por encima del rencor.
- De amor súbito.

¿Cómo se manifiesta en la vida cotidiana?

- Te acerca cosas románticas, lecturas, artículos, dibujos.
- Te ayuda a entender lo que necesitas a través de películas.
- Te pone canciones para subir tu frecuencia al amor.
- Hace que lleguen a ti pensamientos, poemas o notas que te inspiren.
- Pone a tu alcance libros de amor y de espiritualidad para que profundices en tus relaciones.
- Te ayuda a que encuentres rosas, arreglos florales para ti o para regalar.
- Ves por todos lados corazones, o incluso te sorprendes dibujándolos.

Palabras que puedes escuchar:

- El amor es lo único real.
- No desesperes, el amor está llegando.
- Aprecia a la persona a tu lado, todo es aprendizaje.
- Esa persona es tu maestro.

- Acércate a esa persona, es tu amor.
- No renuncies a esta relación.
- Ve, estás listo para una relación.

Invocación:

"Querido arcángel Raguel: te pido ayuda para aceptar el verdadero amor. Recuérdame todos los días que Dios me ama sin condición. Ayúdame a aceptar el amor en todas sus formas, incluido el amor en la forma de pareja, que mi alma se nutra todos los días con amor. Que todo sea llevado a una situación pacífica y segura, al máximo amor.

Te invoco y pido tu ayuda arcángel Raguel, respecto a esta situación en particular _____ (explica).

En el nombre del supremo amor.

Que así sea, así ya es.

Gracias, arcángel Raguel."

Formas para facilitar sentir a arcángel Raguel

- Elige tu flor favorita y haz el acuerdo con él para que sea tu señal, puedes verla en tus meditaciones o ponerla en un jarrón en tu casa para invocar y sentir su presencia. Traerás el amor de Dios a tu casa con este sencillo ejercicio.
- Medita con rosas rojas.
- Utiliza pétalos de rosas cuando te bañes y haz tu invocación.

Cuándo pedir su ayuda o razones por las cuales arcángel Raguel puede estar contigo:

- No estás viendo actitudes poco amorosas de tu parte que boicotean tus relaciones.
- Es tiempo de que aceptes el amor.

- Para ser más detallista.
- Te está ayudando a ver desde la perspectiva del otro.
- Para ayudarte en las relaciones con amigos.
- Es tiempo de que te des permiso para disfrutar el amor en pareja.
- Te está ayudando a no sentir celos y a confiar más.
- Pide ayuda para confiar en pensamientos positivos y alejarte de los negativos.
- A mantenerte en la frecuencia del amor, eso todo lo supera.
- Has estado a la defensiva en vez de elegir el amor.
- Necesitas apreciar más a las personas que son realmente importantes en tu vida.
- Es tiempo de romance.

Arcángel Raziel

Raziel es un arcángel sabio y mágico, te encantará conocerlo, sobre todo cuando se trata de inventar nuevos modelos, ideas disruptivas y creaciones originales que surgen "de la nada". Su nombre proviene del hebreo, significa: "Secreto de Dios", también conocido como "Arcángel de los Misterios". Este arcángel es mencionado en textos cabalísticos, dentro de la tradición del misticismo judío.

Al arcángel Raziel le atribuyen el "Libro de Raziel", "Libro del conocimiento", el cual se dice le entregó a Adán, por sentir pena cuando fueron expulsados del paraíso (Adán y Eva), después de comer del fruto del conocimiento, acto que derivó en "el enojo de los ángeles por haberles dado *El libro* a la pareja". Este libro contenía toda la sabiduría del universo que ahora les sería necesaria para vivir fuera del cielo, fuera del reino de Dios (como si eso fuera posible). Al morir Adán, el libro pasó a manos de Enoc, el cual lo memorizó y se volvió el hombre más sabio de su tiempo, para pasar a manos de Noé, del cual obtuvo sus conocimientos para construir su barca y, finalmente, muchos cientos de años después llegaría a manos del Rey Salomón, rey de Israel, del cual mencionan, ocupaba su sabiduría para tener gran poder.

Existen numerosas leyendas y mitos acerca de los arcángeles, tal es el caso de la historia de "El libro de Raziel" supuestamente escrito por este arcángel. Es muy importante aclarar que los ángeles no se enojan, no se alteran, pues no tienen ego como nosotros, no sienten pena, ni entregan su sabiduría en forma única o especial. Ellos nos enseñan con amor, los humanos somos los que nos podemos enojar y proyectar ese enojo, ira o pena, incluso hacia lo que es de naturaleza divina, por eso decidí escribir sobre este asunto y dejar aclarado este mito.

En mis distintas intervenciones y diálogos con arcángel Raziel, descubrí que es un arcángel muy claro, enfocado, se comunica a una velocidad rápida y es de gran ayuda para salir de discusiones sin sentido, casos que parecen no llevar a ningún lado, trabajar con escenarios hipotéticos, incluso casos policiacos donde hacen falta pistas, conocer las causas y soluciones de conflictos alrededor de envidias, secretos familiares, en casos donde se cometen fraudes y se necesita aclarar la información. Es particularmente útil pedir su ayuda para esclarecer cualquier situación que parezca confusa, enredada, difícil de lograr la comunicación o aclarar incluso mentiras que nos contamos; para solucionar todo este tipo de conflictos es muy bueno que llames a arcángel Raziel. También te ayuda mucho para entender o investigar asuntos de otras épocas.

Es un arcángel que puede ayudarte a abrir tu mente con ejemplos prácticos y a ver las cosas desde ángulos distintos a los que estás acostumbrado o enfrascado. Se muestra siempre dispuesto a explicar de manera concreta y puede proporcionarte mucha información muy rápido, su estilo es para aquellos que deseen entender rápidamente y comprender todo lo relacionado con lo místico y espiritual también.

Arcángel Raziel te ayuda a que nada lo veas difícil, te hace sentir con gran capacidad para comprender cualquier materia de la que se trate. También es excelente para ayudar a comprender temas del tiempo (presente-pasado-futuro). Te ayuda a salir de la sensación lineal del tiempo, también "para conocer del futuro", siempre y cuando sirva para crecer en tu aprendizaje.

Al entrar a meditar con él, es uno de los arcángeles que más rápido puede sacarte de las fabricaciones en las que te tenga tu mente y te ayudar a regresar a donde es necesario que te enfoques.

Experiencia con arcángel Raziel:

Como parte de las experiencias con arcángel Raziel, te comparto que en una ocasión, guiándome en una meditación, me entregó uno de sus mensajes, el cual me parece esclarecedor y hermoso. En sus propias palabras dice:

"Siéntate y medita. Para entender a los grandes maestros
y a los seres que no hemos encarnado,
debes cerrar tus ojos a esta realidad.
No tengas miedo,
transmitimos nuestros pensamientos a los que abiertos están.
Todos los que estén listos para dar el siguiente paso lo darán.
El fragmento que alcanzan a entender de lo que llaman
realidad no es pequeño ni grande,
simplemente no es real.
Te ayudo a conectarte con la Gran Mente,
con Dios que todo lo abarca,
te ayudaré a eliminar el miedo
y me mostraré eliminando toda oscuridad."

Otro ejemplo de las cosas bellas que puede hacer Dios a través de este arcángel es lo que me sucedió cuando di un retiro en Playa Mujeres, Cancún. Llegué a mi habitación, días antes del retiro; después de dejar mis maletas en el closet, me dispuse en el centro del cuarto para orar por la intención del retiro y por cada una de las personas que en los próximos días llegarían.

Llena de devoción invoqué a todos los arcángeles y les di la bienvenida. *Ellos* también me la dieron a través de una forma típica de manifestarse de arcángel Raziel. En cuanto terminé de orar abrí las cortinas que estaban entrecerradas y, justo enfrente de mi cuarto, ante mis ojos, de la nada vi dibujarse en el cielo dos preciosos arcoíris. Podía sentir la presencia de todos los arcángeles dando la bienvenida, por supuesto no podía ser pequeña, ¡esos arcoíris no cabían en mi cuarto!, tenía que ser una bienvenida espectacular, como lo son ellos.

 MENSAJE DE ARCÁNGEL RAZIEL

"Pide que el secreto detrás de tu dolor salga a la luz
y sea llevado al Amor para su corrección,
para su eliminación.
Todo dolor es sanado cuando es traído a la Luz.
Bajo la luz de Dios no hay secreto
que no sea alumbrado por la Verdad,
de ahí que la verdad te hará libre.
Busca y encontrarás,
pide y te mostraré lo que no has podido ver,
esto la liberación te traerá."

Te ayuda a:

- Entender una situación en conflicto, intrigas.
- Entender cuestiones místicas.
- Entender contenido espiritual de cualquier tradición.
- Entender de física y química.
- Hacer formulaciones químicas.
- Entender del orden del universo.
- Lograr el mágico equilibrio que te hace falta
- Entender más de tu religión, teología.
- Entender de las distintas religiones.
- Elevarte y entrar en profundas meditaciones.
- Confiar y crecer en la clarividencia.
- Ver las situaciones desde otra perspectiva del tiempo.
- Entender de arqueología y de otras épocas.
- Entender de grandes construcciones.
- Desarrollar y entender de arquitectura.
- Descubrir o desenredar misterios
- Capacitar a abogados, o en general a desarrollar contenidos.
- Impulsar a escritores, guionistas, a desarrollar tramas.

Color de aura:

- Interno: rojizo naranja.
- Externo: caleidoscopio. Puede usar cualquier color, pues dice que la vida es como la mires, como al girar un caleidoscopio y descubrir nuevas formas y colores. La realidad es lo que estás entrenando y estás dispuesto a ver.

Su energía:

- Masculina, directo, rápido, enfocado en el mensaje que entrega.

Ante su presencia puedes observar, tener o sentir las siguientes manifestaciones, símbolos o visiones:

- Te muestra arcoíris, incluso dobles o reflejos de franjas de colores en el agua.
- Imágenes del universo.
- Visiones de estar en el espacio.
- Visión de viajes a otras dimensiones.
- Es un arcángel muy visual, responde con imágenes a tus preguntas.

Sensaciones:

- De estar con un consultor personalizado.
- Al trabajar o meditar con él puedes tener la sensación de que han entrado bloques de información a tu mente.
- De salir del tiempo.
- De que viajas en el tiempo.

¿Cómo se manifiesta en la vida cotidiana?

- Fácilmente podrás encontrarlo en cualquier biblioteca.
- También las llama "librerías virtuales". Pregúntale de un tema y te llevará al laboratorio u época que necesites para entender en tus meditaciones o en sueños.

Frases que puedes escuchar:

- Acepta la verdad en ti y la liberación encontrarás.
- Toda limitación está en tu mente.
- Todos los horizontes que hoy conoces se expandirán y renacerás.
- Ayudaré a abrir tu mente y saldrás de lo que hoy llamas tu realidad.

Invocación:

"Querido arcángel Raziel: pido por favor tu ayuda para esclarecer esta situación que no he podido comprender, para regresar a la paz y a la abundancia de Dios. Te pido me ayudes a conocer las respuestas a mis plegarias. Ayúdame a ver más allá en esta situación en particular:_____ (explica la situación y haz pregunta por pregunta acerca de lo que desees comprender, llevando tu diario). Pido que toda la verdad y las respuestas relacionadas con esta situación sean mostradas. Ayúdame a comprender la voluntad de Dios en esta situación.

Así sea, así ya es.

Gracias arcángel Raziel."

Formas para facilitar sentir a arcángel Raziel

- Ya que es un arcángel muy directo y claro, ésta es la guía que me indicó para tener acceso fácil y rápido a *Él*. Arcángel Raziel te dice:
- Pronuncia mi nombre y ahí estaré.
- Lleva un diario con todas tus preguntas.
- Concédeme tus dudas y las respuestas te daré.
- La gratitud te abrirá todas las puertas.

Cuándo pedir su ayuda o razones por las cuales arcángel Raziel puede estar contigo:

- Necesitas estar más enfocado en tu trabajo, en una actividad.
- Cuando necesites elevar tus habilidades psíquicas para canalizar.
- Para tener las respuestas que hacen falta para visionar un trabajo.
- Es importante que te abras a aprender de nuevas materias.

- Cuando quieras saber si es bueno hacer un cambio de carrera.
- Cuando quieras aprender de temas espirituales, metafísica.
- Para ayudarte a entender temas de física, física cuántica.
- Para desarrollar nuevos productos, te ayuda con la formulación.
- Te ofrece información a través de visiones, sueños, en meditación, para que comprendas algo.
- Necesitas ser más abierto de mente en estos momentos.
- Te está ayudando a ampliar tu visión.
- Es tiempo de que te abras a nuevos estudios, proyectos, campos.
- Permite la alquimia, el cambio para bien.

Arcángel Sandalfón

Estás a punto de conocer la energía de arcángel Sandalfón y, por experiencia propia, creo que te encantará. Dios manda su ayuda de infinitas maneras y este arcángel, de manera muy alegre y accesible, te ayudará a subir tu frecuencia vibratoria. Es un arcángel que predomina en el judaísmo, principios del cristianismo, en el Islam, en el Talmud y en la Kabbalah.

Es uno de los dos únicos arcángeles cuyo nombre no termina en "el" -que significa "de Dios"- como ya aclaramos también en el caso de Arcángel Metatrón. Se cree que el nombre *Sandalphon*, proviene del griego *Sym*, que significa "juntos" y *adelphos*, que significa "hermano" o "co hermano". Dentro de las muchas historias se ha dicho que en vida se trató del profeta Elías, cuya fe era mayúscula y quien a pesar de sus tribulaciones siguió adelante apoyándose en su fervor a Dios, por lo cual Dios lo premió elevándolo a ángel y haciendo que trascendiera sin morir.

De acuerdo a las raíces encontradas en el Libro de las Revelaciones, del Nuevo Testamento y a sus raíces griegas, se indica que el significado de esta hermandad posiblemente se refiera a su relación con Metatrón, cuyo origen humano era el profeta

Enoc. Mientras que en otra interpretación más antigua también los relacionan a *Ellos* como hermanos gemelos, sin embargo no hay suficientes evidencias.

Respecto a este punto, deseo enfatizar en que ningún ángel o arcángel proviene de una condición humana, sino divina. Los ángeles o arcángeles no fueron humanos, están en una frecuencia de amor y de comprensión muy alta y es por eso que pueden ayudarnos. Por lo que sólo presento la información anterior como una referencia, con el fin de aclarar lo que si bien, de manera simbólica puede significar premiar y elevar a un humano a un nivel angélico, es importante diferenciar la naturaleza y el origen de los ángeles.

Por eso decidí preguntar directamente a este arcángel para comprender su nombre y el potencial de su ayuda. Arcángel Sandalfón hace referencia a que su nombre significa: "Nuestro hermano" y "juntos como hermanos" es la forma real y correcta de entender su nombre, así como la de vernos los unos a los otros. Y para mayor referencia, al preguntarle sobre su origen Él menciona: "No nacimos de la tierra de los hombres, todos somos de Dios, lo importante es hacer énfasis en que Dios es mi origen, eso es todo lo que existe y existirá."

Este arcángel bíblicamente es conocido por proteger a los niños en el vientre y te recuerda también cómo traer armonía a todas tus actividades a través de su especialidad: ¡la música!: "La vida es como si fuera un gran concierto donde todo tiene su precisa entrada, su salida, su momento y su lugar."

Él te recuerda que todos somos seres musicales, seres que brillamos si estamos en armonía, y al estar alineados con "las notas musicales" de Dios, te vuelves una bella melodía que toca a otros, nos vuelve una gran orquesta. Esto aplica no sólo con músicos profesionales, habla de la música como el ritmo de Dios en nosotros. El amor convertido en armonía pura. "Tú eres música, la más bella melodía de Dios, hasta que te abras a escucharla, resonará invisiblemente ante tus ojos pero llevas ya la melodía del Amor en ti."

"La música es en ti como la sangre,
está en ti siempre, corre por tus venas."

Experiencia con arcángel Sandalfón: la música de los ángeles

Una noche, de esas calladas, estaba en mi cuarto terminando el día, decidí abrir un cd que había comprado en un viaje a la hermosa tierra de España. En su momento no pude escucharlo pues no tenía el reproductor de cd a la mano. No conocía al autor ni tenía idea si era bueno, sólo sabía que en la portada decía "Ángeles", no tenía nada que ver con el lugar donde me encontraba, pero mi atención fue llevada a un estante en un acuario y aunque había sobre todo música instrumental para escuchar cantos de ballenas, ruidos del mar, delfines etcétera, no pude evitar llevarme ese cd. Yo en ese entonces aún no me dedicaba a dar conferencias ni a hablar de ángeles, aún "no salía del closet" pero (los ángeles se me manifestaban por todos lados) sin resistirme hice caso a la atracción que sentía y compré el cd.

Pasó menos de un mes para que tuviera la oportunidad de escucharlo, así que cuando pude, de regreso en casa, lo abrí con gran curiosidad. Estuve escuchando varias melodías y mientras el disco corría me quedé dormida con los audífonos puestos, y aunque no amanecí con ellos, me desperté entonando una melodía que me parecía hermosa y me transmitía muchísima paz y alegría. Me metí a bañar y mi día empezó maravilloso, no podía

dejar de entonar la melodía en la regadera y realmente sentía
¡que me transportaba con esa música! Todo el día la tuve pegada
y era impresionante ver cómo a pesar de durar tan sólo unos
minutos, ya que es una pequeña composición, me llenaba y me
llena aún de paz cada vez que la entono.

Cuando llegué por la noche a mi casa, estaba ansiosa de
escuchar el cd de nuevo para oír específicamente esa melodía que
me había maravillado. Fui recorriendo una por una las canciones,
pero no se parecía a ninguna de las que estaba ahí, era completamente diferente. Asumí que por quedarme dormida escuchando
el cd, alguna se me había quedado pegada, pero estaba realmente
sorprendida cuando terminé de pasarlas todas, pues simplemente
¡no estaba ahí!, era muy distinta la melodía que traía conmigo.

Así que después de escucharlas todas y recorrerlas de
nuevo, pensé: "¡Ahora no voy a recordar cómo iba mi melodía!,
pues ya tenía las otras tonadas, no era una melodía que hubiera
sido una mezcla de todas las canciones o algo así, si fuera el caso
se olvidaría fácilmente, pero así aprendí que arcángel Sandalfón
puede traer melodías a ti, como cantos de los mismos ángeles
como un regalo de Dios. La melodía ya estaba en mi alma, es como
si un chip hubiera sido insertado en mí y ahora cada vez que pienso
en ella, sale de mí como si un instrumento la entonara, como un
disco que la lleva grabada, como si apretaran un botón de play y
por sí misma sonara, sólo que con la diferencia de que esta melodía transmite paz para el mismo "instrumento" que la entona y
seguramente para quien la escuche, transmite un sentimiento de
anhelo profundo y de inmensa paz.

A lo cual, mientras escribo Arcángel Sandalfón contesta:

"Al entonarla contactas con ese anhelo profundo que
sientes de regresar a tu casa, a tu verdadero hogar (y me muestra
una imagen del cielo lleno de ángeles), y la paz que sientes pro-

viene de que al entonarla te transmitimos y te aseguramos que siempre estamos contigo, ahí estamos, este canto es un regalo de amor como todo lo que proviene de Dios."

Esa melodía ahora me acompaña y me sigue estreme-ciendo el alma, puedo sentir su amor y me salen las lágrimas. Me recuerda a nuestra casa, a nuestro verdadero hogar. Que hermoso, de cuántas maneras nos da regalos Dios y sin saberlo cómo somos sus instrumentos.

Ahora tú también puedes pedirle a Arcángel Sandalfón que en tus sueños traiga la melodía que más resuene contigo, y con tus presentes circunstancias, el canto divino de tus ángeles, la melodía que te conecte con el amor de Dios, todo es música, en todo están las notas de su autor.

 ## MENSAJE DE ARCÁNGEL SANDALFÓN

"La vida es como una orquesta,
cuando te dejas guiar se hace la música,
todos toman su lugar en la gran sinfonía."

Te ayuda a:

- Traer armonía a tu vida.
- Disfrutar sin complicarte la vida.
- Encontrar la melodía para tu hijo mientras esta en el vientre.
- Encontrar melodías de amor para cada uno de tus hijos.
- Cuidar de ti ayudándote a fluir.
- Encontrar los sonidos que te relajan (como el sonido del mar).
- Sentirte incluido en un grupo, "una banda".

- Sanar los sentimientos de no encajar.
- Comunicarte mejor con quienes te rodean.
- Escribir letras de canciones.
- Ser mejores artistas: compositores, cantantes, músicos.
- Reconciliarte con hermanos.
- Saber cómo ayudar a tus hermanos de sangre o a los amigos-hermanos.
- Encontrar tu canción de amor o de bodas.
- Tener una melodía que te conecte con Dios.

Color de aura:
- Interno: tonos del mar, azul claro.
- Externo: gris turquesa.

Su energía:
- Masculina suave, armónico, platicador, creativo, te sube a un pentagrama de notas musicales.

Ante su presencia puedes observar, tener o sentir las siguientes manifestaciones, símbolos o visiones:
- El pentagrama.
- Imágenes de notas musicales.
- Puedes hacer un acuerdo con él de mostrarte el símbolo de una nota en particular, la que llegue ahora a tu mente.

Sensaciones:
- De escuchar una melodía angelical.
- De armonía, baile, fluidez.
- De un perfecto silencio que puedes disfrutar y todo lo abarca.

- Trae a tu mente melodías divinamente creadas.
- ¡Por cierto! Puede hacer retumbar ambos oídos, como cuando te da un fuerte escalofrío o se destapan.

¿Cómo se manifiesta en la vida cotidiana?

- En tus sueños, puede transmitirte melodías con coros angelicales.
- Puede inspirarte con una tonada que no sabes de dónde salió y de manera repentina te pone de buenas.
- Te descubres cantando o entonando canciones que te traen buenos recuerdos y las encontraste por "coincidencia".
- Hace retumbar tus oídos.

Palabras que puedes escuchar:

- La música de todo el universo es en ti.
- Eres música.
- Tú eres la inspiración del cielo.
- Eres una bella melodía.

Invocación:

"Amado arcángel Sandalfón: inspiración del Amor, tú que eres las palabras de Dios, inspírame en mi vida, inspírame todos los días, trae la armonía y el equilibrio en cada palabra, en cada acto que realice. Que mi amor se extienda y toque muchos corazones y que en un himno de paz nos encontremos todos."

Así sea, así ya es.

Gracias arcángel Sandalfón."

Formas para facilitar sentir a arcángel Sandalfón:

- A través de la música.
- Por medio de música instrumental que eleve tu frecuencia.

- Sonríe antes de pedirle, *Él* dice que una sonrisa es música. (Y al sonreír ayudas a que sonrían los demás, así que es ¡más música! y quizás la risas lleve al amor... lo cual producirá ¡más notas musicales de alegría!)

Cuándo pedir su ayuda o razones por las cuales arcángel Sandalfón puede estar contigo:

- Necesitas reírte más.
- Escucha más música diariamente.
- Eres sumamente musical y al sumar más música, más te vas a alegrar.
- Te quiere entregar respuestas a través de canciones y melodías.
- Desea inspirarte y darte amor a través de tu propia melodía angelical.
- Te está ayudando a sonreír y a apreciar el momento.
- Relájate, no es tan serio como parece, no es una "marcha fúnebre".
- Desea ayudarte en reconciliaciones.
- Necesitas apoyarte más entre hermanos.
- Para ayudar a que no peleen entre hermanos.

Arcángel Uriel

Su nombre procede del hebreo que significa "Dios, *Él* es luz", "Luz de Dios", "Fuego de Dios". El santo del nombre Uriel se celebra el 2 de octubre. Como su nombre lo indica, arcángel Uriel *ilumina* con su presencia las situaciones, trae la comprensión, la luz necesaria para cada caso. Arcángel Uriel es un gran maestro, tiene la sabiduría de Dios a su alcance. No necesitas ser una persona experimentada o un gurú para tener acceso a su conocimiento profundo. Todas las respuestas están disponibles para quien realmente las desea.

Tiene la apariencia de un sabio de barba larga, pero recuerda que la forma en la que se presentan los arcángeles es para comunicarte también un mensaje, porque en realidad no son un cuerpo, ni necesitan una forma específica para traerte el mensaje de Dios, sólo ocupan la imagen que mejor representa su energía o el mensaje que desean entregar, en este caso te ayuda a recordar "que el tiempo es sabio", pues aprendes con las experiencias.

Utiliza el color azul zafiro como herramienta para ayudarte a entrar a un nivel de entendimiento más profundo, te auxilia a concentrarte en lo que requieres, en estudios o lo que pides comprender. Su especialidad es guiar y explicar con mucha paciencia. *Él* no es un arcángel con energía rápida, al contrario, te hace sentir que tienes todo el tiempo del mundo, que vives completamente en la eternidad y nunca hay prisa para sus explicaciones. Te puede dar instrucciones para que guíes a otros, o concretar desde una meditación alguna acción importante para ti. Puede guiarte también para que ayudes y dirijas a tus hijos en sus estudios o en la vida.

Arcángel Uriel también puede traer mensajes proféticos de lo que vivirá la humanidad o incluso tu localidad. *Él* explica que hay situaciones que hemos elegido vivir pero si le das permiso de comunicarte lo que va a suceder, te preparará para atender tus miedos, actuar para que reacciones de manera más adecuada, divinamente guiada para ti y todos los involucrados. Te recuerda que tu propósito sobre el tiempo que has elegido estar en la Tierra, es el de verla como un salón de clases, del cual —te asegura— un día te titularás.

Es un arcángel al que puedes considerar una enciclopedia actualizada en cualquier materia, piensa en algo que desees aprender y pregunta si eso es lo más recomendable en tu misión de vida, para este momento: él te mostrará y te guiará en lo que sea en tu mayor beneficio.

Experiencia con arcángel Uriel: ...y cuando venga el ladrón te avisaré.

Arcángel Uriel, al ser un arcángel que ayuda con las profecías, con situaciones que están por ocurrir, ya sea muy pronto, en meses o en años, te puede susurrar al oído cuando es importante que sepas algo, inclusive cuando duermes, *Él* puede despertarte o llamar tu atención con visiones del futuro o bien si tu vida o la de alguien que amas está en peligro, sabrá comunicártelo. Si pones atención y le das permiso de mostrar sus visiones, estarás listo para cuando la situación se presente.

Esta experiencia es un ejemplo de lo que puede hacer por ti: una vez cuando era niña y me encontraba en Minatitlán, Veracruz, en casa de un tío, estábamos pasando unos días ahí en el verano. En esa ocasión era de noche, me encontraba durmiendo con mi tía en su cuarto, cuando de pronto arcángel Uriel me transmitió que mi vida y la de mis familiares corría peligro. Así que al escucharlo entre sueños y con la ayuda de los ángeles de mi guarda, desperté a mi tía para informarle lo que sabía, me habían puesto en estado de alerta y sabía que venía algo "malo". Ella me preguntó: "¿Cuál es el peligro, no veo nada peligroso? Tal vez tuviste una pesadilla, duérmete de nuevo." Me dijo.

Arcángel Uriel había traído información muy valiosa, sólo que los humanos tenemos mucha resistencia cuando nuestros ojos no ven lo que ellos nos dicen. Así que me trasmitió otro pedazo de información y lo comuniqué, le dije a mi tía: "Está en el balcón." Ella extrañada y segura de lo que veía, me dijo: "Mira, no hay nada, de aquí se vería, mientras señalaba a la ventana, tuviste una pesadilla, ya vamos a dormir." Los cuartos estaban pegados a un balcón que daba a la calle y la luz de la calle lo alumbraba, dando luz también a los cuartos, por las noches las cortinas cubrían las ventanas ligeramente permitiendo ver el fondo fácilmente.

Mientras ella se disponía de nuevo a dormir sin dar más explicaciones, en ese instante se vio pasar claramente una sombra en el balcón, era como arcángel Uriel nos había avisado antes de que sucediera. La sombra era la figura de un hombre al que vimos pasar muy rápido. Mi tía se sorprendió y me dijo: "¡¡¡Shhhh!!!" El hombre acababa de brincar al balcón desde el edificio de a lado y para mayor sorpresa de ella cuando se asomó para ver quien era, ¡el hombre ya no estaba! ¡Había entrado a la casa! Ella se apresuró a salir del cuarto y me dijo: "¡Quédate aquí, no te vayas a asomar!" Se pasó al cuarto de a lado donde dormía su padre para avisarle y decidida fue a buscar a la sombra misteriosa. Con pasos sigilosos y en completo silencio cruzó la sala y llegó a la cocina, al asomarse se dio cuenta de que en efecto, había un hombre ante el refrigerador abierto, ¡estaba tomándose un vaso de agua! Después se metió a la biblioteca y al escuchar ruidos en la casa, salió corriendo nuevamente por donde había llegado, sólo tuvo tiempo de llevarse un libro ¡que hablaba del amor! Regresó al balcón por donde llegó y de un brinco se pasó a la casa de a lado para bajarse por un poste. ¡Por lo menos al ladrón le gustaba leer! ¡Y de amor! Esperemos que sus temas de amor se hayan resuelto. Gracias al mensaje de arcángel Uriel fuimos guiados y protegidos.

Los arcángeles siempre saben cuándo es momento de darte un mensaje, aunque estés dormido, haz caso a la indicación que *Ellos* te den, ¡pueden salvar tu vida! (Hacen su labor para todos, hasta lo llevaron a la biblioteca donde encontró el libro que necesitaba.)

 ## MENSAJE DE ARCÁNGEL URIEL

"El futuro y el pasado no existen,
siempre estás viviendo el hoy eterno.
Permite que traiga a ti las visiones y los pensamientos de Dios.
Salir de tus pensamientos es fácil
cuando permites que sean sustituidos por los del Amor.
Tú eres la creación más amada,
permítenos liberar cualquier miedo en ti.
La gloria de Dios es en ti."

Te ayuda a:

- Mejorar en tus estudios.
- Comprender asuntos que requieren paciencia.
- Saber guiar y explicar a otros.
- Que los maestros sean más competentes.
- Realizar trabajos de forma meticulosa.
- Analizar personas o información.
- Traer luz a las situaciones.
- Darte visiones proféticas.
- Saber dar instrucciones claras y precisas.
- Ser un buen estudiante.
- Seguir las mejores enseñanzas de un maestro.
- Escribir con mejores argumentos y claridad.
- Responder preguntas sobre el futuro.
- Adaptarte al clima.
- Saber qué meter a tu maleta para casos de cambios de clima.

Color de aura:

- Interno: amarillo, dorado, sostiene una antorcha de luz divina para guiarte.
- Externo: azul zafiro.

Su energía:

- Masculina, paciente, la de un maestro, de un sabio.

Ante su presencia puedes observar, tener o sentir las siguientes manifestaciones símbolos o visiones:

- Una antorcha, con la que da luz (comprensión) a las situaciones.

- La imagen de un libro grande donde se encuentran todas las respuestas de Dios.
- Sueños donde te comunica sucesos por venir y atender.
- Luz de color azul intenso, zafiro, para calmar tu mente, (así como el hielo baja la inflamación).

Sensaciones:
- Te transmite paciencia infinita.
- Estás en un salón de clases.
- De alegría cuando entiendes algo que no habías comprendido y por fin lo logras, gracias a su explicación.

¿Cómo se manifiesta en la vida cotidiana?
- Te guía hacia los libros o artículos que te ayudan en este momento.
- Dándote visiones del futuro espontáneas.
- A través de una poderosa intuición.
- A través de tus sueños.

Frases que puedes escuchar:
- Aquello que te molesta tanto tiene encerrada una lección.
- Todas las frases que te inviten a reflexionar.
- Te guía en meditaciones donde regresas a la serenidad.

Invocación:
"Querido Arcángel Uriel: pido tu ayuda para traer luz a las experiencias que vivo, para comprender las situaciones y a las personas que atraigo. Ayúdame a ver las situaciones bajo la Luz de Dios. Te pido que me brindes la información que necesito para tomar decisiones adecuadas que me eleven y me mantengan todos los días en la frecuencia del amor.

Te entrego las decisiones por tomar y pido que sean guiadas. Así sea, así ya es.
Gracias arcángel Uriel."

Puedes pedirle información sobre un asunto en particular: _____ (explica) y toma nota de la información que te haga llegar en forma de pensamientos, visiones que en este día o en días subsecuentes lleguen a ti.

Formas para facilitar sentir a arcángel Uriel

- Es más fácil en meditación.
- Escribe tu pregunta y aunque no creas saber la respuesta inhala y exhala... y pide la respuesta. Puedes permitir que te la dicte o pedirle que la traiga en tus sueños.
- Visualiza el color azul zafiro, un azul muy profundo, te ayudará a relajarte, a escuchar sus respuestas y así tomar mejores decisiones con su guía.

Cuándo pedir su ayuda o razones por las cuales arcángel Uriel puede estar contigo:

- Quiere ayudarte a comprender una situación que tú pediste ver.
- Ayuda a desarrollar tu clarividencia.
- Estas enseñando a otros sin darte cuenta.
- Tienes vocación para la enseñanza.
- Quiere guiarte en tus estudios.
- Te está ayudando a tener paciencia.
- Te está trayendo visiones e intuiciones para tu futuro.
- Eres un maestro.
- Continúa aprendiendo y estudiando.
- Toma cursos y continúa haciendo tu práctica espiritual.

Arcángel Zadquiel

El nombre de Arcángel Zadkiel, también conocido como *Zede-quiel, Tsadqiel, Zedekul*, significa "Justicia de Dios". También es llamado: *Hesediel, Chesediel*, que significa "Gracia de Dios", y dentro de la tradición judía es considerado como el arcángel de la misericordia. Ayuda a tener piedad, compasión y es el arcángel que nos ayuda a perdonar a otros y a perdonarte. Bíblicamente se presume que fue "el príncipe" que detuvo a Abraham para no sacrificar a su hijo Isaac como ofrenda a Dios.

Este poderoso arcángel, de acuerdo con las funciones que tiene, nos ayuda a lograr el perdón. Varias veces he visto que *Él* y los ángeles están al servicio de la piedad y sumados en la misma intención que Jesús para ayudarnos a despertar de un sueño de dolor con el fin de que podamos sanar. Considero a Zadquiel como un arcángel muy cercano y a disposición de la misión de Jesús, el gran maestro del perdón. Las enseñanzas de Jesús son muy profundas y con la ayuda de los ángeles y arcángeles nos ayudan a sostenernos en la intención de ver más allá y de perdonar cualquier situación.

Con la ayuda de Jesús y de este arcángel podrás sentir empatía sin unirte al sufrimiento de los demás. El mundo espiritual insiste en que no es más amoroso unirte en el dolor de tu hermano, es precisamente porque no estás en su dolor que puedes ayudarlo a ver con claridad. Unirte en el dolor debilita a ambos, y lo mejor es que te encuentre lleno de confianza, sin alimentar su dolor, con tus pensamientos unidos a los de Dios.

Esa unión aumentará tu confianza, sabrás que tus decisiones están siendo guiadas y lo único que necesitas es: no interferir. Si logras reconocer que tu percepción siempre será más limitada que la visión de Dios, entonces estarás listo para dejarte guiar, es momento de dejar las decisiones en sus manos y ver cómo suceden los milagros. Siempre que lo hagas te sentirás más fuerte, en vez de poner todo el peso en tus hombros. La decisión de dejarte ayudar y de ser sostenido, te ayudará a crecer en humildad, pues lejos de los intentos del ego por debilitarte, te darás cuenta de que la felicidad sucede cuando te sientes alineado con el plan divino.

Entrega entonces tus miedos y pídele a este arcángel que incremente tu confianza, *Él* en particular te ayudará en tu intención. Su luz te ayudará a calmarte y a confiar en la voluntad de Dios.

Experiencia con arcángel Zadquiel

Este día que comienzo a escribir una experiencia con arcángel Zadquiel resulta ser un 14 de febrero, día en el que celebramos el amor y la amistad. Pero esto no es ninguna coincidencia, sino una "diosidencia", pues arcángel Zadquiel nos ayuda a regresar a esa frecuencia del amor y a detener, si así lo pides, el impulso de boicotear tus relaciones, criticar, juzgar a los que amas, a tus amigos o desconocidos, a parar al ego que siempre genera problemas cuando en realidad quieres encontrar amor.

La especialidad de arcángel Zadquiel es ayudarnos a perdonar y lograr ver en cada situación la bendición que hay detrás,
con benevolencia, por eso te comparto una meditación en la que
fui guiada por arcángel Zadquiel, puedes pedirle que te guíe a ti
mientras la lees o cuando hagas oración con este ejercicio, pro-
ducto de su enseñanza:

Meditación del perdón con arcángel Zadquiel

Primero prepárate para entrar en meditación, siéntate cómodo,
con tu espalda erguida, tus ojos cerrados. Empieza a suavizar tu
respiración, inhala y exhala. Sigue con tus inhalaciones y exhala-
ciones suavemente, invoca desde tu corazón a arcángel Zadquiel
y pide su guía, *Él* te invita a traer a tu mente a quien tú creas
que necesitas perdonar; por más difícil que parezca perdonar a
alguien, con ayuda divina pueden corregirse los pensamientos
equivocados y traerlos a sanación. Puede tomar tiempo para que
estés listo, pero ninguna relación termina realmente hasta que
es llevada a la inocencia, pues esa relación continúa en tu mente
asociada con dolor, por eso no acaba, sigue en ti hasta que la
llevas al perdón, al perdonar elevas tu frecuencia de nuevo al
amor y a tus pensamientos de regreso a la paz.

Ahora invita *al templo del perdón* a la persona que primero llegue a tu mente, alguien con quien necesites trabajar
resentimientos, enojo, tristeza, frustración, o que pienses que
te afectó... La imagen es traída a ti de inmediato, ahí está tu
hermano, tu hermana, aquel que es perfecto desde los ojos de
Dios para tu aprendizaje. Puede llegar más de una persona, mi
recomendación es que te dejes guiar en vez de querer tú dirigir
la meditación; si sólo llega una persona, entonces es idóneo que
sólo trabajes con esa persona.

A cada persona le atribuyes una carga energética para ti, y las personas que crees que son las más equivocadas e indeseables en tu vida, son igual de perfectas que las que más amas en el plan de Dios. Por más que quieras decir, "ojalá me hubiera saltado ese capitulo en mi vida", son perfectas para traer luz a tus heridas. Deja que la imagen de esa persona entre a tu templo y pide ayuda divina para ver con inocencia a tu hermano(a), su presencia en tu vida llegó para enseñarte actitudes de ti, heridas en ti, formas que son necesarias para hacerte responsable de ti.

Entrega tu dolor, los pensamientos y sentimientos que tengas hacia esa persona, pide que sean transformados y con eso afirmas que hoy eliges hacerte responsable de ti, de tus pensamientos, de tus emociones y de tu bienestar, ¡ofrécete a las manos de Dios! Arcángel Zadquiel me muestra un gran rayo de luz dorado, del color que llegue a ti es perfecto, éste hace una esfera de luz que te envuelve y todo lo sana, el amor todo lo sana, déjate envolver y sanar por la luz, con su ayuda te liberarás.

Acepta que la bendición de Dios se traiga para ambos, que esta relación sea transformada, pide que remueva los apegos que tienes con esa persona, es tiempo de seguir adelante y dejar la pesada carga emocional atrás, por ti, por tu salud, elige también ahora perdonarte. Repite en voz alta:

"Acepto que esta relación sea transformada,
llevada al perdón,
a la paz de Dios,
acepto la paz de Dios,
que todos los involucrados sean liberados,
acepto que con tu Luz esta situación en mi mente pueda ser
sanada y liberada.

Por encima de todo deseo la paz y la liberación.
Acepto tu paz, Padre.

Así sea, así ya es.
Gracias, arcángel Zadquiel."

¡Bien hecho! Cierra dando gracias y repite este ejercicio cuantas veces necesites. Puede tomar tiempo aceptar y querer la paz en determinadas situaciones, puede ser que hagas este ejercicio muchas veces antes de sentir una total rendición para perdonar. Recuerda que para el ego perdonar al otro, a tu "victimario", es un error, lo hace ver como un favor, algo que no merece, de esta manera el ego se asegura de no encontrar paz. Tomará tiempo, pero cada vez que lo practiques, con algunas personas parecerá más fácil que con otras; pero al final, como enseña Jesús, no hay problemas pequeños ni grandes, son lo mismo pues todos roban tu paz por igual. Te irás dando cuenta de que sólo perdonas "ilusiones", pero nada puede dañar realmente al bendito hijo de Dios. Hoy has elegido de nuevo, has tomado la decisión y con tu disposición se abren los caminos. Has abierto la puerta para la ayuda divina y siempre somos escuchados.

BONO EXTRA: ☺

Ejercicio canalizado de arcángel Zadquiel para liberar sufrimiento.

Ejercicio: en la llama divina de Dios

Este ejercicios es uno de los más poderosos en los que me ha guiado este arcángel, puedes hacerlo cuando requieras y cuantas veces necesites para liberar desde lo más pequeño hasta lo más doloroso en tu vida. Es un ejercicio que puedes hacer rápido, si tienes poco tiempo, o durar el tiempo que necesites dentro de la flama, ya que mentalmente, energéticamente, te ayuda a "quemar" lo que no necesitas más en ti.

Siéntate, en postura de meditación, inhala y exhala; con ojos cerrados visualiza una gran llama de luz violeta ardiendo, observa algún color adicional que llegue a ti y sin miedo visualiza que entras ahí, en la flama divina que te ayuda a trasformar el dolor por liberación. Quédate quieto dentro de la llama. Será un lugar de gran transformación, ahí "quemarás" todo lo que no pertenece a ti: odio, rencor, dolor, impaciencia, desesperanza, esa no es tu naturaleza, déjalo que sea transformado. Sentirás un cambio en tu energía.

Lo que no es luz, no pertenece a ti. Quédate ahí el tiempo suficiente hasta que te puedas ver en *el espejo del amor de Dios*. Tu compasión, tu abundancia y tu luz es infinita, como su amor.

*"La luz de la flama te envuelve y el amor
de Dios te libera ahora."
Repite tres veces en voz alta: la Luz me envuelve
y el amor de Dios me libera ahora.
Acepto ser liberado de este dolor y regresar
a la frecuencia del amor.
Acepto el perdón y los cuidados por venir de Dios.
Regreso a ti Padre.*

*Que así sea, así ya es.
Gracias arcángel Zadquiel."*

Confía que en tu condición, como hijo bendito de Dios, no puedes perder nada, la Luz te ha regresado a lo que eres, pura luz en la Luz.

MENSAJE DE ARCÁNGEL ZADQUIEL

"Pides amor, sólo por que no te das cuenta
que no existe más que amor,
no lo has aceptado totalmente en tus pensamientos
como parte de tu realidad,
por eso no logras verlo,
pídeme ayuda para subir tu frecuencia vibratoria
al mayor amor, así encontrarás compasión,
también ante tus exigencias.
Tu vida empezará a girar en torno al amor y a sus frutos,
cuando sueltes y liberes.
Verás las puertas abrirse a tu pasar,
tan sólo por una decisión.
Tu eres amor, y en nombre del amor, perdona y libera."

Te ayuda a:

- Perdonar realmente a otros.
- Perdonarte.
- Tener compasión.
- Ser benevolente.
- Ponerte en los zapatos del otro.
- Sentirte bendecido y agradecido.
- Remover apegos emocionales.
- Recordar y olvidar lo necesario.
- Trabajar y liberar la culpa.
- No engancharte con reproches.
- Liberar la exigencia personal.
- Acercarte al maestro Jesús, pídele que te ayude en tu tarea de perdón.

Color de aura:

- Interno: violeta.
- Externo: dorado.

Su energía:

- Masculina, suave, compasivo y amoroso.

Ante su presencia puedes observar, tener o sentir las siguientes manifestaciones, símbolos o visiones:

- De la llama de fuego.
- Lazos o cordones de fuego, fogatas.
- De luz dorada.
- De luz violeta.

Sensaciones:

- De liberación.
- De compasión súbita.
- De calma.

¿Cómo se manifiesta en la vida cotidiana?

- Te trae recordatorios visuales para que recuerdes perdonar.
- Con visiones de luz.
- Constantemente con llamas, para recordarte la fuerza de la luz divina.

Palabras que puedes escuchar:

- El verdadero perdón te resucitará.
- Es tiempo de comprensión.
- Desde el mundo espiritual todos son inocentes.

Invocación:

"Querido arcángel Zadquiel: te pido me ilumines y me llenes de comprensión ante esta situación que me duele/altera profundamente _____ (explica).

Que mi corazón logre la paz y el perdón para mí y para todos los involucrados. Te pido me ayudes a cortar los lazos de apego y mi necesidad al dolor. Te pido que yo y todos lleguemos a la paz, a la liberación, a la dicha, y a sentirnos bendecidos.

Que así sea, así ya es.

Gracias arcángel Zadquiel."

Formas para facilitar sentir a arcángel Zadquiel:

- Dándote permiso de sentir tu dolor y entregárselo.
- Aceptando entrar en *el templo del perdón*.
- Pedirle a Jesús que te guíe, sostenido por arcángel Zadquiel.

Cuándo pedir su ayuda o razones por las cuales arcángel Zadquiel puede estar contigo:

- Necesitas soltar historias del pasado.
- El dolor del pasado no te deja ver con claridad las opciones presentes.
- Es tiempo de tratarte con más benevolencia.
- Perdona y libera.
- Por si te ha estado fallando la memoria
- En casos de Alzheimer.
- Es hora de liberar presión.
- Te está ayudando a recordar lo verdaderamente importante.
- Estás lleno de juicios ante una persona y desea liberarte.
- Pídele que incremente tu fe.
- Te está ayudando a liberar culpa.
- Jesús está velando por ti y te ayuda a perdonar.

Oración a Jesús y a mis ángeles

"Por delante de mí"

Por delante de mí
arcángel Miguel,
gracias por abrirme todos los caminos
y protegerme todos los días.
A mis espaldas,
gracias arcángel Rafael, por sanar mi pasado
y alentarme a seguir desde el corazón.
A mi derecha doy gracias a arcángel Gabriel,
por darme la creatividad necesaria en mi vida
y guiarme para comunicarme mejor.
A mi izquierda, gratitud al arcángel Uriel,
por sus visiones celestiales
que me elevan al futuro que Dios tiene
para mí.

En el centro de mi corazón: Jesús,
con Él mi mirada se dirige siempre a lo alto,
por debajo me levanta siempre el Espíritu Santo.
Rodeada por mis ángeles de la guarda,
y en el cielo de Dios,
así les pido diario,
que guíen mis pasos,
y me hagan sentir de nuevo,
uno con Dios.

Pequeña nota de despedida

Recuerda, eres la creación más amada de Dios. Todos los días encontrarás ayuda divina ante cualquier situación en la que te encuentres, la mereces. Ahora sabrás disfrutar de su compañía cuando invoques a cada uno de los arcángeles o con los que más resuenes, no te preocupes por tener "favoritos", *Ellos* recuerdan que son ecos de la misma Voz, al no tener ego, no necesitan sentirse especiales, pues recuerdan su unión con Dios. Toda ayuda divina proviene de lo Divino y al aprender a estar "en *Él*" llegará la paz todos los días a tu mente, aligerando el camino y manteniendo un corazón lleno de devoción.

A los arcángeles que ya están contigo por misión de vida o "de manera temporal", recuerda, que cada uno estará en su tiempo, cada uno te ayudará poderosamente en el lugar y en el momento indicado. Ellos conocen todas tus aflicciones y saben cómo ayudarte a crecer por encima de todo dolor. Recuerda que toda persona tiene derecho a su ayuda, la cual brindan sin límite, condición o religión alguna.

Te he presentado ya distintas formas para tener acceso a cada uno, no pierdas tiempo en gozar de su presencia ahora

de manera más consciente, ¡yo ya estoy sonriendo por ti y cele-
brando tu encuentro con ellos!

Recuerda que tu despertar está ocurriendo, no desesperes, pide ayuda todos los días a Dios, a sus mensajeros divinos
y lograrás ser *el alumno feliz*, te mereces mucho más de lo que
hoy alcanzas a ver y sin tanto esfuerzo, ¡aún pones tanto peso
en ti! Inhala, exhala, un paso a la vez, toma un momento cuando
termines de leer esta despedida y pídele a Dios que te muestre la
vida que mereces. Día tras día el invocar a tus ángeles y arcángeles te hará no sólo más fácil el camino diario, sino que te ayudará a tener paz en los días "menos soleados". Todos tenemos
situaciones que se nos presentan y gracias a éstas vemos cuánto
hemos aprendido, por la manera en que reaccionamos. Bendecido sea tu camino.

Los ángeles te sostendrán en tu intención de sanar, en tu
intención de mantenerte conectado con el amor, no importa
religión, condición o raza, a cada uno nos encuentran en el punto
del camino donde estamos, pues como he repetido innumerables
veces, el amor no olvida a nadie, no importa "la etiqueta" que te
pongas o si crees o no en ellos, el Amor cree en ti. El Amor conoce
quien eres realmente y lo único seguro será tu despertar en *Él*.

Por último te comparto el mensaje que Jesús me guía para
finalizar:

"Escúchame,
se trata de dejar atrás el tiempo de la culpabilidad,
el tiempo de las exigencias,
y aquellos momentos donde te haces menos,
el desierto es sólo una ilusión, el amor en cambio
es lo único real.
¿Qué acaso no vendría por ti?

¿Acaso la separación podría ser real?
Yo soy contigo, completo y en perfecta unión con nuestro
Padre, sé que has de recordarme en tus pensamientos
y ahí unidos estamos ya.
Juntos somos Luz, pues sólo Luz eres
y puedes ser en el camino.
Eres libre para decidir solamente el momento...
Toma mi mano y confía,
he mandado a los ángeles a tu lado,
mensajeros del amor.
Acepta y recibe,
mi amor
ya es contigo"

Jeshua

Con éste mensaje me despido. Agradezco tu compañía hasta las
últimas letras, como siempre, y además de abrazarte muy fuerte
te recuerdo: lo que sucederá en el tiempo, es útil como recurso
de enseñanza para ti, aprovéchalo para perdonar y para liberar,
por más que el ego quiera resistirse, tú serás más feliz, y esa es
la voluntad de Dios, que seas feliz y cuando quieras facilitarte el
camino no olvides pedir ayuda a los arcángeles, *Ellos* ya están ahí
para ti; a medida que los invoques más, te darás cuenta que "Una
Sola Voz" te guiará. Ya es tiempo que te des permiso suficiente
para el amor, ya es tiempo del más alto perdón, ya es tiempo
para tu realización, ya es tiempo de dicha, entonces ya es tiempo
de arcángeles, todos juntos en una sola Voz.

Bendiciones infinitas para ti, con inmenso amor.

Tania Karam

Agradecimientos

Mi total gratitud:

A Dios: Padre, Madre, al eterno proveedor de todo lo que es, y es en mí. Por guiarme más allá del tiempo, espacio o lugar.

A los arcángeles y ángeles: ¡Por hacer este libro posible! Por tantas horas a su lado recibiendo su guía y su amor. No podría ser más afortunada pues tengo a estos sabios, compasivos, divertidos y amorosos maestros. Los amo.

A mi familia: en la cercanía o en la distancia, gracias por su presencia en mi vida, soy increíblemente afortunada por contar con la hermosa familia que tengo. Gracias por su apoyo y por ayudarme con la lectura de mis textos, madre linda. Los amo.

A César Ramos, David García, Andrea Salcedo, y a toda mi casa editorial. ¡Sin duda son el mejor equipo del mundo mundial! Gracias por su siempre amable respuesta y disposición para hacer de cada libro un éxito, es un placer trabajar con cada uno de ustedes.

A Jesús: la primera y la última letra son y serán para ti.

Gracias.

Índice

Mensaje de los arcángeles para ti 9

Introducción: Ya es tiempo 11

Tiempo de arcángeles: una sola voz. 23

Arcángel Ariel 49

Arcángel Azrael 61

Arcángel Chamuel 81

Arcángel Gabriel. 93

Arcángel Haniel 109

Arcángel Jofiel. 121

Arcángel Jeremiel. 131

Arcángel Metatrón 141

Arcángel Miguel. 153

Arcángel Rafael 169

Arcángel Raguel. 179

Arcángel Raziel 195

Arcángel Sandalfón 205

Arcángel Uriel 215

Arcángel Zadquiel. 223

Oración a Jesús y a mis ángeles: "Por delante de mí" 233

Pequeña nota de despedida 235

Agradecimientos 238

Tiempo de arcángeles. Una sola voz de Tania Karam
se terminó de imprimir en noviembre de 2017
en los talleres de
Impresora Tauro S.A. de C.V.
Av. Plutarco Elías Calles 396, col. Los Reyes,
Ciudad de México